A mi querida Ellie.

Solo Dios sabe cómo tus oraciones y amor
me han transformado, cómo me han hecho un
mejor hombre y por esa razón siempre estaré
endeudado contigo.
Sin tu ejemplo y amor este libro no sería
posible. Nadie me ha amado de una forma tan
palpable como tú. Gracias por tu paciencia y
apoyo constantes.
Soy un hombre muy afortunado: no solamente
te puedo llamar mi esposa, sino también mi
mejor amiga.
Que Dios nos siga guiando y protegiendo como
lo ha hecho hasta hoy.

Te amo,

Freddy

AMOR
INQUEBRANTABLE

Freddy DeAnda

AM❤R
INQUEBRANTABLE

Los 7 principios para un matrimonio sólido y feliz

ORIGEN

Primera edición: mayo de 2021

© 2021, Alfredo DeAnda
© 2021, Penguin Random House Grupo Editorial USA, LLC
8950 SW 74th Court, Suite 2010
Miami, FL 33156

Diseño de cubierta: Julio Durand
Fotografía de autor: Esther Gallarday

A menos que se indique lo contrario, las citas bíblicas fueron tomadas de la versión Reina Valera 1960 (RV60) © Sociedades Bíblicas en América Latina, 1960. Renovada 1960; Reina Valera Contemporánea (RVC) Copyright © 2009, 2011 by Sociedades Bíblicas Unidas.

Impreso en México / *Printed in Mexico*

ISBN: 978-1-64473-226-7

21 22 23 24 25   10 9 8 7 6 5 4 3 2

Índice

Introducción

¡Hola! Gracias por darme la oportunidad de compartir contigo algunas ideas sobre la apasionante experiencia de construir y disfrutar de la convivencia en pareja. Mi único deseo es darle vida a tu matrimonio. Deseo animarte a visualizar soluciones si es que enfrentas una crisis conyugal. Deseo convencerte de que los mejores días de tu relación no están en el pasado, sino que están por venir y puedes visualizarlos ya.

Este es un libro con herramientas para que tu matrimonio sea exitoso. Las verdades y principios que comparto contigo han transformado el mío y es mi deseo que también transformen el tuyo. Dios no creó el matrimonio para hacerte sufrir. Lo creó para que lo disfrutaras, y te aseguro que cuando termines este libro, tú y tu cónyuge tendrán una nueva esperanza.

El matrimonio debe funcionar para que ganen ambos, marido y mujer. ¡Todos nos casamos para ganar! ¿Ganar en qué? En el amor, por supuesto. No conozco a alguien que desee perder en este juego del amor, y perdona que le llame *juego*, pero me refiero a la dinámica de una relación. Muchas veces estamos ganando en todo lo demás: profesión, educación y finanzas. En cada área alcanzamos nuestras metas y recibimos reconocimiento por nuestros logros. El jefe y los compañeros de trabajo hablan bien de nosotros, pero cuando pensamos en nuestro matrimonio, muchas veces nos invade el desánimo porque sentimos que en esa área estamos perdiendo, y nadie se casa para fracasar o soportar una vida miserable. ¡Todos nos casamos para gozar y disfrutar del amor!

¿Por qué esa sed de sentirnos amados? Porque es nuestra esencia. Como seres humanos, en nuestro ADN hay un vacío, una necesidad elemental que satisfacemos al relacionarnos y el matrimonio es una de las relaciones más importantes, en la que el amor es el oxígeno vital.

Por eso, todo en el mundo tiene que ver con el amor. Las novelas, las revistas, las películas, las canciones, las noticias, todo, de alguna forma, se relaciona con el amor que buscamos y necesitamos, no porque seamos egoístas, sino porque anhelamos encontrar una persona que nos ame y a quien amar por el resto de nuestra vida.

A pesar de que se habla tanto sobre el amor, ¿por qué parece tan difícil encontrarlo? Más aún, parece ser un misterio mantenerlo vivo después del matrimonio. Cuando deberíamos sentir que ya es parte de nuestra vida, vemos que el amor se va desmoronando conforme pasa el tiempo. Entonces nos preguntamos si es posible mantener un amor inquebrantable después de la boda, porque parece que lograrlo es un truco de magia, ya que en un momento está en nuestras manos y al próximo momento ha desaparecido. Yo también tuve esa sensación y logré superarla. Por eso, quiero contarte un poco de mi historia.

El amor entre Ellie y yo empezó pequeño. Esa chispa, que se encendió con el simple cruce de miradas en un pasillo, fue lo que hizo que mi corazón palpitara o más bien crujiera como papita frita en aceite caliente. ¿Recuerdas la primera vez que viste a esa persona especial? ¿Puedes visualizar la primera vez que le sonreíste? Ese gesto abrió la puerta a una relación que creció, al punto de decir: "No puedo vivir sin esa persona, ¡finalmente encontré el amor!". Pero conforme pasan los años, algunos terminan diciendo:

"No sé si podré continuar con esta persona". ¿Cómo es que algo que empezó tan bonito puede terminar tan mal?

Responder esa pregunta es el propósito de este libro, que te brindará las herramientas indispensables para que el amor viva o reviva, según sea el caso. Cuando hay más preguntas que respuestas, el amor se muere; cuando hay más días tristes que felices, el amor se muere; cuando hay más gritos e insultos que palabras de cariño y ánimo, el amor se desvanece. Con todo esto en mente, me propuse escribir lo que he enseñado durante varios años: los principios elementales para renovar el amor y el compromiso.

La necesidad de amor está ligada directamente a la creación. Adán no estuvo completo hasta que Dios creó a Eva. Este primer hombre sobre la tierra tenía la asignación de darle un nombre a todos los animales, pero necesitaba a alguien de su misma naturaleza que lo complementara. Ahora, cada Adán está buscando a su Eva, y cada Eva está buscando a su Adán.

Tal vez pienses: "Freddy, para ti es fácil y bonito hablar de matrimonio porque tu esposa es perfecta y nunca has vivido las cosas que vivimos en casa. Tú no has sufrido los traumas de mi pasado ni los de mi cónyuge". Pero no es así. Déjame llevarte al inicio de mi matrimonio.

Ellie me hizo el hombre más feliz del mundo cuando me dijo: "Sí, acepto" el 23 de diciembre del año 2000. Yo tenía veintidós años y ella veintiuno. Verla caminar hacia el altar con su hermoso vestido de novia es una imagen grabada en mi mente y en mi corazón como uno de los instantes más sublimes que he vivido. Su hermosa imagen, incluso, borró los sinsabores de esos días.

¡Vaya que hubo dificultades durante los preparativos de la boda! ¿Cuál fue el mayor problema? Mi esposa quiso ser amable con la segunda esposa de mi papá y la invitó a la boda. La noche anterior, durante el ensayo para la ceremonia, la coordinadora vio a mi mamá y le dijo: "Señora María, la esposa del señor Miguel estará sentada detrás de usted". En ese instante, mi mamá me fulminó con la mirada como si fuera un rayo láser y me dijo: "Yo no voy a tu boda si esa mujer está allí".

Ahora entiendo las emociones de mi madre: enterarse de que conocería a la nueva esposa de mi padre fue como si le tiraran un balde de agua fría. Mi mamá no imaginaba que debería enfrentar semejante incomodidad ese día, uno de los más importantes para ella, porque era la boda de su hijo favorito (estoy exagerando un poco porque es mi libro, no el de mis hermanos.)

Cuando mi mamá lloraba como si las cataratas del Niágara salieran de sus ojos, la coordinadora se me acercó para preguntarme qué sucedía y le expliqué. Ella no hablaba español, así que me pidió que le dijera a mi mamá que la boda era el día más feliz para Ellie y para mí, que debía poner sus emociones a un lado para apoyarnos. Por supuesto que ese "consejo" no ayudó en nada, al contrario. Mi mamá respondió con unas palabras que no puedo escribir porque este es un libro respetuoso escrito por un pastor. Solo puedo contarte que mi traducción a la coordinadora fue: "Mi mami dice que pase buenas noches". Pero ella no me creyó, tal vez porque era imposible que esas palabras hubieran salido de la boca de una mujer que lloraba con tanta indignación y que la veía como si quisiera que la tierra se la tragara.

En ese mismo instante, Ellie hablaba con su papá y la conversación no se veía amigable. Cuando le pregunté cuál era el problema, me explicó que su papá le había dicho que, si mi mamá se oponía a que la nueva esposa asistiera a la boda, entonces Ellie tendría que encontrar a alguien más que la encaminara al altar. ¡¿Qué te parece?! El papá de Ellie le dijo: "Si la mamá de Freddy prohíbe que la esposa de Miguel venga, no cuentes conmigo para llevarte al altar. Pídele a uno de tus tíos que lo haga".

Imagina la tremenda presión que sentimos Ellie y yo frente a lo que se suponía que sería un día memorable, lleno de amor y felicidad. ¡Todas las disfuncionalidades de nuestros padres y antepasados nos acompañarían al altar al momento de nuestra boda! No te exagero si te digo que le lloré a mi madre hasta las tres de la mañana, rogándole para que asistiera a mi boda. Finalmente, ella me miró y me dijo: "Ya duerme, mañana estaré allí contigo". En el gran evento, todos estábamos ojerosos, pálidos, molestos, tensos y tristes. Más que una celebración al amor parecía un funeral.

Te cuento mi historia para que no pienses que Ellie y yo hemos tenido un matrimonio perfecto. Ambos procedemos de hogares disfuncionales, así que ¡imagina poner en una licuadora todos esos divorcios y nuevos matrimonios —más o menos catorce entre sus padres y los míos— para formar una nueva familia! Así nos dimos cuenta de que el matrimonio no viene con manual de instrucciones, sino que más bien es un acto de fe, por lo que todos debemos enfrentar y pelear nuestras batallas.

Quizás en este momento estés pasando por momentos estresantes y difíciles con tu cónyuge; tal vez tengan problemas económicos o deban superar desacuerdos entre las familias de ambos. Puede ser que se pregunten si vale la pena continuar juntos con tanto desaliento y frialdad. ¿Sabes qué te digo al respecto? ¡Sí vale la pena continuar! No es fácil, pero todo lo valioso es difícil.

Durante estos años de matrimonio, más de veinte y sigo contando, he llegado a la conclusión de que no he estado solo en los días que cometí errores, no he estado solo en medio de mi frustración, ni cuando me he sentido peor que una cucaracha por hacer llorar a mi esposa. Durante todos esos momentos, Dios ha estado conmigo y también está contigo. Él me ha aconsejado, me ha dado principios que han funcionado y que ahora voy a compartir contigo.

No importa tu pasado, no importan los errores que has cometido, no importa tu crianza, tu trasfondo, tu educación. ¡Estoy completamente convencido de que hay esperanza para tu matrimonio! Dios me ha ayudado y guiado a mí, me ha enseñado y confrontado para que abra mis ojos y mi corazón, así que también lo puede hacer contigo.

Cuando llegues al último capítulo de este libro, te hablaré de la relación más importante de nuestro matrimonio, porque el vínculo entre cónyuges no es de dos, sino de tres[1]. Al invitar a Dios a tu matrimonio, tu hogar se volverá un lugar de bendición para gozar de una relación sobrenaturalmente dichosa.

Por favor, lee este libro con tu cónyuge y mientras avanzan página a página, pídanle a Dios que les hable. No veas lo que la otra persona está haciendo mal, busca lo que tú puedes mejorar, porque estás a punto de iniciar una etapa de sanación, restauración y bendición en pareja.

¡Es tiempo de que tu matrimonio empiece a ganar otra vez y que ambos fortalezcan el amor inquebrantable que Dios siempre ha querido que compartan!

FREDDY DEANDA

---

[1] Eclesiastés 4:12: «... cordón de tres dobleces no se rompe pronto».

Capítulo 1

LAS COSAS PEQUEÑAS

Era una tarde de viernes como muchas otras, con sus tareas y rutina, pero cuando llegué a casa, se convirtió en una de las noches más impactantes y significativas en mi historia con Ellie. Recuerdo todo como si hubiera sucedido ayer. Llegué del trabajo emocionado porque se había anunciado un importante juego de la temporada de fútbol y anhelaba acomodarme en mi sillón favorito frente al televisor para disfrutarlo. "Me lo merezco", pensaba, porque había tenido una jornada intensa. "Ellie, sírveme aquí la comida, voy a ver el juego", le grité para que me escuchara desde la cocina. Me quité los zapatos mientras esperaba los segundos que tardaba la pantalla en mostrarme si me había perdido algo.

A lo lejos, escuché el murmullo de su voz. Ella me hablaba, pero yo no lograba escucharla. "Cuando venga con la cena le preguntaré qué me dijo", pensé, pero no imaginé lo que sucedería uno par de minutos después. Fue como si en un abrir y cerrar de ojos se desatara un huracán. Ellie entró en la habitación y se paró frente al televisor bloqueando la pantalla. "¡Ya es suficiente!", fue lo primero que me dijo entre lágrimas de frustración. Luego de reprocharme algunas de mis conductas, tomó el control remoto y lo arrojó al suelo con tanta fuerza que se quebró en pedazos.

En ese instante me di cuenta de que algo no andaba bien con nuestro matrimonio. Mi esposa había llegado a su límite. Me dijo que yo la ignoraba y provocaba que se sintiera vacía y sola; me hizo ver que de muchas formas me había pedido que me involucrara en la vida de nuestro hogar, pero yo no le prestaba atención. Estaba ciego, me había enfocado en lo que creía eran mis asuntos y le había dejado a ella lo que imaginaba eran sus asuntos. Durante todo ese tiempo, yo no había sido capaz de notar mis errores.

Nunca había visto a Ellie actuar de esa forma. Reconozco que me sorprendió y ahora entiendo que fue un acto de desesperación frente al profundo dolor que yo le había provocado durante mucho tiempo. Ella me insistía con sus reclamos, así que, mirándola a los ojos con amor, le dije: "Ellie, entiendo tu molestia y te pido que me des un poco de tiempo para meditar en lo que ha sucedido. Te prometo que hablaremos con tranquilidad y tendré respuestas para ti".

Entonces ella me dejó solo. Claro, sin televisión y sin control remoto, medité respecto a nuestro matrimonio y llegué a la conclusión de que durante mucho tiempo yo había ignorado cosas que me parecían insignificantes, pequeños detalles que para el corazón de mi esposa eran significativos porque satisfacían necesidades importantes para ella. El matrimonio es así; vemos a nuestra pareja como la persona que puede y debe atendernos en ciertas áreas, pero yo estaba fallando en eso.

Por favor, no me malinterpretes. Si alguien me estuviera evaluando como esposo y me asignara una calificación, creo que mi nota no sería mala. Yo trabajaba y trabajo duro para proveer en mi hogar, solo tengo ojos para mi esposa, nunca le he sido infiel y no tengo vicios, así que no era ni soy un mal esposo; pero al enfocarnos en esos logros que son evidentes, muchas veces perdemos de vista los detalles, esas cosas pequeñas que van sumando o restando chispa a nuestra relación de pareja.

¿Qué frustró a mi esposa? Que yo dejé de brindarle esas atenciones diarias con las que la hacía sentir especial cuando éramos novios. Todos nos cansamos de pedir esos pequeños detalles diariamente, y ese pequeño vacío del día a día se va haciendo cada vez más grande.

El equilibrio de lo pequeño

El amor entre Ellie y yo comenzó pequeño. Primero fue una mirada, una sonrisa, el roce de nuestras manos, una invitación, palabras nerviosas, pero emocionadas, pequeños detalles que alimentaron nuestro deseo por estar juntos. De la misma forma, conforme los años pasaron, un día nos dimos cuenta de que detalles pequeños, cosas que hacíamos o más bien que dejamos de hacer, fueron desmoronando nuestra relación.

Cuando comenzamos a salir, sumamos sutiles gestos de interés. Fue como ir poniendo granitos de arroz en una balanza. Ella ponía uno y yo ponía otro, así que se mantenía equilibrada. Sin embargo, luego de años de matrimonio, un día que yo no le di el beso de siempre antes de salir de casa fue como si quitara un granito de arroz; otro día que le hablé con aspereza quité otro granito de arroz, y así, poco a poco, la balanza se desequilibró.

El problema es que no nos damos cuenta y, cuando menos lo pensamos, la balanza está tan desequilibrada que es difícil arreglarla. En esa situación es muy fácil que algo detone la bomba como me sucedió a mí. Entonces quisiéramos arreglarlo todo fácilmente con un "lo siento", como si pusiéramos una enorme cucharada de arroz en la balanza, pero el equilibrio debe restaurarse día tras día, tal como fue cuando comenzó la relación. ¿Por qué? Porque el amor en el matrimonio requiere constancia para que dure toda la vida y trascienda al convertirse en el fundamento de la familia. La clave es que ambos asuman el compromiso de poner su granito de arroz, es decir, brindar a la pareja esos pequeños detalles que los motivaron a decir: "Quiero pasar el resto de mi vida contigo".

En mi caso, por supuesto, los problemas no surgieron porque dejara de amar a mi esposa, sino que, simplemente, dejamos pasar pequeñas cosas y situaciones que fueron desgastando la relación. Fue así como descubrí que hay algo valioso en lo que vemos como insignificante. Exactamente como cuando nos enamoramos. Esa notita romántica que le diste cuando empezaban a salir no era nada extraordinario, pero significó mucho. Cuando le escribías: "No hay otra mujer más hermosa sobre la tierra", ella flotaba sobre nubes de algodón. Fueron detalles que la enamoraron y que dejaste de darle. Lo mismo aplica para las mujeres que sembraron la semilla correcta al decirle a su novio: "A tu lado me siento protegida, eres perfecto para mí".

Todos necesitamos satisfacer nuestro sentido de pertenencia. "Mi amado es mío y yo suya"[1], dice un hermoso verso de la Biblia. Entre marido y mujer nos pertenecemos. Yo crecí sin padres, lo que influyó en mi forma de ver a la familia y la pareja. Tuve que aprender a valorar lo que era importante para mi esposa, y ella tuvo que aprender a valorar lo que era importante para mí. Nuestros mundos y visiones de la vida se integraron para convertirse en una sola. ¡Eso no es fácil, por mucho amor que exista entre ambos!

Recuerdo la primera navidad que pasamos juntos cuando comenzábamos a salir como novios en la universidad. Las chicas dejaban notitas y golosinas a los chicos en un lugar estratégico donde pudieran encontrarlas. Los dormitorios de hombres y mujeres estaban en diferente área del campus, y más o menos a las diez de la noche ya nadie debía andar afuera. Por mi trabajo, yo regresaba un poco más tarde, y esa noche, al volver a mi habitación, Ellie me

---

[1] Cantares 2:16

había dejado colgada en la puerta una de esas botas navideñas que tenía mi nombre escrito con letras doradas: "Freddy". Lo mejor es que estaba llena de golosinas y también había una notita que leí conmovido. ¡Mi novia me impactó con algo que nadie había hecho por mí!

Reflexiona y dialoga

Identifica tres áreas en las que tu cónyuge no está supliendo tus necesidades y busca un tiempo para dialogar al respecto.

Tarea

Lo que sucedió entre Ellie y yo ese viernes quizá no sea parecido a lo que haya sucedido en tu matrimonio, pero el aprendizaje aplica para todos, porque el sentimiento de frustración puede ser igual. Esa no era la primera vez que mi esposa me pedía algo. Por eso explotó de tal forma, así que yo tuve que tomar acción para corregir la situación. ¿Qué pequeño cambio hice? Decidí escuchar y no esperar más. Analicé lo que estaba haciendo mal, sin culpar a mi esposa, y tomé la iniciativa para dar el primer paso. Por eso, te recomiendo:

1. Decide escuchar.
2. No esperes a que te lo vuelva a pedir.
3. Reconoce lo que estés haciendo mal sin culpar a tu cónyuge.
4. Toma la iniciativa para dar el primer paso de cambio en la dirección correcta.

A ella la pretendía el hijo de un pastor norteamericano, pero mis amigos me decían: "Hey, Freddy, invítala a salir". Mi versión de nuestro inicio como pareja es que yo era "muuuuy tímido", entonces, un día, ella se me acercó y me dijo: "¿Sabes? Estoy cansada de salir con chicos simplones que son como salsa kétchup, yo quiero alguien latino, *spicy*, que sea como salsa picante". ¡Pobre de mí! ¡Esa mujer me quería para ella! Por supuesto, Ellie tiene otra versión de ese momento, pero dejo a tu criterio cuál escoges (solo bromeo.)

Cuando comenzamos a salir juntos, no fueron grandes eventos los que nos enamoraron, sino que fueron pequeños detalles. Ellie llenó mi necesidad de pertenecer. Sabemos que un poquito de levadura leuda una buena cantidad de masa para hornear pan. Cuando estamos enamorándonos, los detalles son como esa levadura que incrementa el deseo de estar juntos, y cuando la situación se pone complicada en el matrimonio, los detalles también son como levadura que hacen más grande la incomodidad. Con pequeñas muestras de afecto debemos echarle leña al fuego de la pasión y extinguir el fuego de la discordia.

Las zorras pequeñas

¿Te suena familiar el nombre Salomón? Pues, él fue un rey de Israel muy famoso por su sabiduría. En una ocasión, su esposa, conocida como la Sunamita, le dijo: "Cazadnos las zorras pequeñas que echan a perder las viñas porque están en ciernes"[2]. La sugerencia que le estaba dando su esposa a Salomón era que le pusiera atención a los pequeños detalles.

---

[2] Cantares 2:15

Sabemos que las mujeres son más sensibles a las necesidades emocionales. Ellas ven algo que los hombres no vemos. ¡Hasta el rey más sabio sobre la tierra necesitó ayuda de su esposa! En este caso, específicamente, para poner atención a los detalles. La Sunamita fue tan sabia que le habló en términos que él podía comprender, ya que la viña se refiere a su relación.

En una viña, las uvas maduras se cosechan para producir vino que embriaga, que intoxica plácidamente, tal como lo hace el amor. Pero si no lo cuidamos, ese amor se puede convertir en algo tóxico que más bien sentimos como un veneno. Si tu esposa te dice: "Mi amor, necesito que me ayudes a poner la mesa para la cena", pero le restas importancia diciendo "Eso lo puedes hacer tú" y en vez de fortalecer tu amor lo haces vulnerable. Al contrario, las cosas cambian si le das la importancia que merece: "Con gusto, mi amor, lo que es importante para ti, es importante para mí…"

Por ejemplo, si mi esposa me pide ayuda con los niños, yo provocaré tremendo conflicto si la rechazo con una respuesta así: "Ese es tu trabajo, yo vengo cansado. ¿Sabes cuánta mujer quisiera tener un hombre trabajador como yo? No sé qué haces aquí todo el bendito día, yo sudo, aguanto la presión, pago todas las cuentas, te di camioneta nueva, me parto el lomo, mientras que tú vas a pintarte las uñas, a cepillarte el cabello y ¿ahora me dices que yo debo ayudarte con los niños?". Cuando rechazo las emociones y necesidades básicas de Ellie, la estoy rechazando a ella. No estoy rechazando ayudarla con los niños, la rechazo completamente a ella. No sé si me explico. Especialmente ahora, muchas mujeres trabajan fuera de casa, así que tienen doble responsabilidad, por lo que necesitan de tu apoyo.

En mi caso, yo le bromeo a Ellie que tanto trabajo en casa es su culpa. Le digo que yo me casé con una estadounidense porque no quería muchos hijos, pero ella me salió "súper intensa". Y le sigo bromeando al decirle que yo tengo que detenerla: "Mujer, déjame tranquilo", pero que ella me responde con ojos pícaros: "Recuerda que yo no quería kétchup sino salsa picante". Ya sin bromas, todos tenemos una necesidad básica de pertenecer, **TODOS TENEMOS UNA NECESIDAD BÁSICA DE PERTENECER** de sentirnos parte de algo, y en el matrimonio, los esposos deben satisfacer mutuamente esa necesidad.

Tú y tu cónyuge son una sola carne, se complementan. ¿En qué momento Ellie dijo: "Yo no puedo vivir sin Freddy"? Seguramente fue al sumar los pequeños, pero abundantes detalles que tuve con ella, aunque luego esos detalles se fueron perdiendo. El mismo trabajo y esfuerzo que me tomó conquistarla debo hacer todos los días para mantenerla convencida de que mi amor sigue siendo fuerte e intenso.

Destruir o edificar intimidad

¿Cómo se destruye un matrimonio? Haciendo lo opuesto a cómo se edifica. La esposa le dijo a Salomón: "Mi amor, resolvamos las cosas pequeñas". Los detalles son como un pico y una pala que pueden servir para sembrar un jardín, pero también pueden ser armas mortales. Cuando somos novios, usamos el pico y la pala para trabajar juntos: "Tú eres la mujer más hermosa, yo sé lo que quieres y necesitas, siempre te amaré". Luego de casarnos, tenemos las mismas herramientas, pero las usamos en contra del otro: "¡Cómo exageras! ¿Por qué necesitas que te diga a cada rato que te amo si ya lo sabes?".

Toma la misma energía usar el pico y la pala para atacar que para sembrar amor. Si las usamos para atacar, luego de la devastación que provocamos, pensamos: "Para qué continuar con esa persona, Dios no quiere verme miserable". Entonces, pensamos que ya es muy tarde y que no podemos hacer nada por rescatar nuestro matrimonio. Claro que no es fácil reconstruir, pero es posible lograrlo si ambos trabajan duro y se apoyan para fortalecer su relación. Deben reconocer y enfrentar los problemas pequeños de cada día que se convirtieron en grandes dificultades que los separan.

A Ellie y a mí nos separó que yo le pidiera que me sirviera y no hacer mi parte con las tareas de la casa como el equipo que somos, especialmente porque tenemos cinco hijos. Luego eso cambió cuando comprendí que yo debía asumir una actitud de servicio. Ahora mi esposa sabe que cuenta conmigo para todo, que la valoro y aprecio lo que hace, y que estoy dispuesto a ayudarla. Estar siempre atento para servir en casa ha sido el mejor cambio para nuestro matrimonio, porque nos sentimos como un equipo que trabaja unido. Después de terminar todas las tareas en nuestro hogar, ambos estamos entusiasmados por pasar tiempo juntos como pareja, sin que alguno de los dos se sienta menospreciado, porque el matrimonio no se trata de que uno domine al otros, sino de que ambos disfrutemos.

Durante años tuvimos que batallar con esa dificultad. A veces, cuando yo la buscaba para tener intimidad, ella me rechazaba, pero era una reacción de malestar porque sentía que yo la había rechazado al no colaborar cuando me necesitaba como parte del equipo que somos. Realmente yo era quien generaba mi propia frustración. Entonces

REALMENTE YO ERA QUIEN GENERABA MI PROPIA FRUSTRACIÓN

me daba la vuelta en la cama y levantaba una barrera que ella ya no podía derribar. Curiosamente, descubrí que ella buscaba conectarse conmigo conversando y que, si yo le daba ese tiempo de intimidad, ¡luego estaría más que dispuesta a darme la intimidad que yo buscaba! Era cuestión de dar para recibir. Lamento tanto el tiempo que perdí con mi esposa en esa lucha que solo nos separaba. Nos tomó meses de conversación aclarar la situación, pero ahora comparto contigo el secreto del éxito para que no cometas el mismo error.

Yo le decía a Ellie: "Hay momentos en los que me siento ignorado. Planificas tiempo con amigas, dispones de la comida, del horario de la casa y los niños, pero no planificas tiempo para mí, no me siento como una prioridad". Para ella era algo pequeño: "¿Cómo que quieres intimidad otra vez?". Al escuchar esas palabras sentí como si ella me estuviera diciendo: "pero ¿cómo, si lo acabamos de hacer? Generalmente el deseo sexual es mayor en los hombres, así que puedes imaginar mi reacción. Es como si yo le dijera a ella: "Ya hablamos la semana pasada". La intimidad es algo muy importante para ambos, solo que cada uno la busca de diferente forma.

Una mujer deletrea la palabra intimidad con las letras de "conversación", los hombres deletreamos la palabra intimidad con las letras de "sexo". Entonces, el esposo dice: "Yo ya estoy listo, me quité la ropa y... ¿tú quieres hablar?". Muchas veces, el hombre se frustra, pero una mujer querrá intimidad sexual cuando haya tenido intimidad en la comunicación, cuando se haya sentido genuinamente escuchada. De esa forma, ambos perciben que se pertenecen mutuamente.

A Ellie le gusta que yo le cepille el cabello, y platicamos mientras lo hago. Ambos sentimos conexión en ese corto tiempo de sencillo acercamiento. Nadie siente conexión cuando percibe rechazo. ¿Ves cómo las zorras pequeñas hacen desastres en la viña de tu matrimonio? Si no se combaten, el amor se enfriará y morirá porque usamos para atacar las herramientas que usábamos para edificar nuestro jardín.

Estimado amigo, escucha a tu esposa aun cuando no tengas deseos. Estimada dama, complácelo sexualmente, incluso si no sientes ese deseo. Descubran juntos ese espacio íntimo donde ambos se pertenecen. Por favor, encuentren esas zorras pequeñas que deben cazar, porque los dos se necesitan. Si pudiéramos suplir nuestras propias necesidades, Dios no hubiera creado a Eva para ser complemento de Adán, pero nos necesitamos, así que enfoquémonos en satisfacer generosamente esa necesidad de pertenencia que nos hace uno.

¿Se muere el amor?

No importa qué tan bonitos se miren, los matrimonios pasan por momentos en los que el amor va muriendo y cuando eso sucede, toda la familia pierde. Sin duda, nadie gana en una separación, nadie gana en un divorcio, nadie. Te lo digo yo que soy consejero matrimonial y he visto la experiencia de muchas familias, incluyendo a mis padres y a los de Ellie. ¿Qué es lo más peligroso? Muchas veces ni siquiera podemos identificar la causa de la separación, no logramos diagnosticar la enfermedad para evitar la muerte. Ni siquiera sabemos dónde empezar. Estamos jalando manzanas de un árbol para limpiarlo, cuando el problema no es el fruto sino la raíz.

Además, el matrimonio enfrenta diversas etapas y la pareja va cambiando conforme avanza el tiempo. Por eso es vital mantenernos alertas, porque no es lo mismo un matrimonio que acaba de comenzar a uno que ya ha formando una familia. No cabe duda, el cambio más dramático sucede cuando pasan de ser dos a ser tres o más porque nacen los hijos.

¿Saben qué significa tener hijos? Significa dormirte cansado y levantarte cansado, eso es. Se acaban los fines de semana pensando en qué hacer juntos, se acaba esa etapa de eterna intimidad para comenzar otra etapa que también es hermosa, pero enfrenta a la pareja a nuevos retos. Obviamente el amor no se muere, pero debe reacomodarse. Personalmente me parece una excelente oportunidad porque con los hijos hay muchas más formas de expresar el amor a nuestra pareja a través del servicio y el cuidado mutuo. Yo disfruto el honor y el privilegio de atender a mis hijos.

Cierta vez, se le preguntó a un matrimonio: "Dígannos, por favor, ¿cuáles han sido los días más difíciles de su matrimonio?". La respuesta fue: "Cuando estábamos criando a nuestros hijos". Luego, les hicieron otra pregunta: "¿Cuáles fueron sus días favoritos?". La respuesta fue: "Cuando estábamos criando a nuestros hijos". A pesar de lo difícil que es formar una familia, siempre vale la pena, porque el amor no se divide, sino que se multiplica. Sin embargo, es necesario ser constantes en mantener vivo ese sentido de pertenencia en la pareja, con o sin hijos. Si en medio del ajetreo por atender y educar a los niños, te das cuenta de que algo está cambiando en la relación con tu pareja, debes buscar cómo descubrir esos detalles que han comenzado a ser una piedra en el zapato, porque si no es posible identificar dónde está el problema, no sabrás de qué forma resolverlo.

Esta situación es como ir al médico. Él nos examina, nos toma la presión y la temperatura, nos revisa y, si no localiza el problema, nos pide otros exámenes hasta encontrar la causa de la enfermedad para recetarnos una medicina que nos alivie y sane. El matrimonio es igual. Hay que ir a la raíz de lo que está mal, no basta ver el síntoma. Por eso las mentiras no ayudan en el proceso de sanar, porque si no dices la verdad, ningún médico puede ayudarte, incluso podría ser que te recete algo que complique tu malestar. El problema del matrimonio no está afuera, está dentro del corazón del esposo y de la esposa. Debemos regresar a lo básico, a la falta de amor y a la frialdad, ese virus frecuente que nos contagia y avanza sin darnos cuenta. Todo empieza con pequeños detalles que las presiones cotidianas van haciendo más graves. Generalmente los problemas están frente a nuestras narices, pero se van acomodando tan sutilmente que pasan desapercibidos. Trabajamos ochenta horas a la semana y ninguna está dedicada a ofrecer apoyo en el hogar; estamos tan afanados criando hijos, produciendo y ayudando a otros que nos olvidamos de nuestro matrimonio. Muchas veces ni siquiera es que estemos haciendo algo malo, pero todas esas cosas ajenas a la relación de pareja enfrían el amor si no dedicamos tiempo a cultivarlo.

Suele suceder que los hombres se sumergen en su trabajo porque sienten que encuentra más respeto ahí que en su casa. También sucede que muchas mujeres se sumergen en su carrera profesional o en sus hijos porque encuentran más amor que en su esposo. Entonces, ¿qué pasa? Que se van distanciando uno del otro y se enredan en un círculo vicioso de frustración, decepción y enojo. Poco a poco, sin darse cuenta, pequeños ladrillos se van convirtiendo en enormes murallas entre ambos.

¿Puedes visualizarlo? La falta de amor produce falta de respeto, y la falta de respeto produce falta de amor. ¡Alguien debe ponerle un alto a esa espiral de tensión! Alguien debe rendir su orgullo y comenzar el proceso de hacer lo que es correcto para que la dinámica matrimonial cambie. Claro que no es fácil, pero es necesario enfrentar la situación para dar nueva vida a la relación.

La diferencia entre las parejas que disfrutan de su matrimonio y las que están tambaleándose está en cómo manejan los pequeños detalles. Un matrimonio exitoso busca soluciones mientras uno que lucha contra el fracaso, busca culpables. Tirar piedras de reproches no arregla nada. Al contrario, empeora la situación y abre más heridas, así que evita frases ofensivas o de indiferencia como: "Arréglalo tú...ya no me importa lo que hagas", porque la idea es que ambos reflexionen. Además, no confundas una crisis con una sentencia de muerte. Toda relación tiene altibajos que se superan cuando ambos se comunican para enfrentar y superar los conflictos.

Recuerda que decidiste formar una familia con esa persona porque no podías vivir sin tenerla cerca. Fue emocionante, ¿verdad? Luego, la vida ha seguido su rumbo, se han ocupado con el trabajo, con los quehaceres, hasta que un día, se ven a los ojos preguntándose: "¿Qué pasó con nuestro amor? ¿Qué le pasó a esa época cuando no podíamos vivir separados? ¿Cómo fue que llegamos a un punto donde ya ni siquiera nos aguantamos?". Por experiencia puedo decirte que las cosas pequeñas son las que van abriendo un agujero entre los dos, como esa gota perenne que carcome hasta las rocas. ¡Vale la pena que pongamos atención a los detalles! A veces, buscamos el gran secreto del éxito en la relación matrimonial, esa varita mágica que cambiará todo, pero la pareja simplemente se va separando porque no ha prestado atención a las sutilezas.

> **LAS COSAS PEQUEÑAS SON LAS QUE VAN ABRIENDO UN AGUJERO ENTRE LOS DOS, COMO ESA GOTA PERENNE QUE CARCOME HASTA LAS ROCAS**

Si tienes una chimenea, si has hecho una fogata o has preparado un asado, sabrás qué se necesita para que el fuego se extinga. Simplemente se le echa agua o se descuida hasta que solito se consume. Si dejas de alimentar el fuego, la llama se apagará. Tal vez te preguntas: "¿Qué hice para que esto ya no funcione?". La verdad es que podría ser algo que no hiciste. Si "haces nada", el amor se acaba. Pero que estés leyendo este libro habla de tu deseo de hacer algo, así que ¡adelante!

Por supuesto, hay mil cosas que podemos hacer para mantener viva la llama del amor. Hay algo que resulta especialmente efectivo: tener la genuina iniciativa de querer satisfacer las necesidades de la otra persona. ¿Qué presiones de la vida o qué responsabilidades están absorbiendo tu tiempo y provocan que le restes atención a tu cónyuge? Cuando eran novios, tu pareja era tu prioridad, era lo primero en tu agenda. Ahora, esa persona, que es la más importante en tu vida, quizá solo recibe sobras de tu tiempo y atención. De ser así, busca mejorar en ese aspecto. Te garantizo que tu iniciativa de interesarte por las necesidades emocionales de tu pareja producirá abundante y buena cosecha. Las pequeñas semillas de cuidado, servicio y atención darán frutos al diez, cincuenta, cien y mil por ciento, lo que provocará que disfrutes de tu relación como nunca. Aprovecha cada oportunidad para atender a tu pareja.

Caballero

1. Envíale un mensaje de texto durante el día.
2. Llámala camino a casa y pregúntale si se le ofrece algo.
3. Cuando llegues a casa, pregúntale cómo puedes cuidar de ella. Demuéstrale que necesitas y quieres hacerlo.
4. Interésate por lo que ella te dice y escúchala. Cuando una mujer habla contigo, no necesariamente busca tus soluciones, consejos o enseñanzas, lo que busca es que la escuches.

Dama

1. Toma la iniciativa en buscarlo para la intimidad.
2. Mándale un mensaje de texto diciéndole cuánto lo extrañas y que no puedes esperar a verlo para pasar un tiempo especial con él.
3. Cuando llegue a casa, procura que el primer tema de conversación sea positivo.
4. Como el hombre es muy visual, si tu esposo te ha celebrado cierta ropa, úsala y dile que te arreglaste solo para él.

Para ambos

1. En consejería les pido que hagan suya esta frase: "Si es importante para mi pareja, entonces debe volverse importante para mí". Reconoce las áreas de necesidad de tu pareja. Reconoce qué cosas te han pedido que tal vez has ignorado y visto como insignificantes, pero que ahora considerarás importantes porque lo son para la otra persona. Recuerda, cuando rechazas las necesidades de tu pareja, estás rechazando a tu pareja y ya no quieres que se sienta rechazada.

2. Escribe qué necesidades has intentado comunicar, pero sientes que tu pareja les ha restado importancia.

3. Siéntate con tu pareja y habla con amor sobre esas cosas pequeñas.

   Primero ofrece perdón por no haber notado ciertas necesidades de la otra persona.

   Escucha con mucha empatía, no disciplines o señales, solo escucha.

   Habla de una cosa a la vez. Especialmente las damas, permitan que su pareja escuche y trabaje en esa cosa para luego enfocarse en otra.

Pequeños pero grandes pasos

Todos podemos llegar al punto donde sentimos que estamos perdiendo el control de nuestro matrimonio, y una de las claves para retomar el rumbo es dar pequeños pasos para que se recupere la confianza. Sin duda, cada matrimonio enfrentará y superará momentos retadores. Suplir las pequeñas necesidades de la otra persona, no rechazar lo que pide (siempre que sea aceptable) y formar buenos hábitos relacionales brindan buenos resultados.

Muchas veces estamos tan abrumados con la situación que nos desanimamos y decimos: "Rescatar mi matrimonio requiere un tremendo sacrificio que no sé si puedo realizar." Te pido que respires profundo y te enfoques en una cosa que puedas ir cambiando el día de hoy. Por favor:

1. Toma tiempo para meditar sobre cosas que hacías antes por tu pareja y que ya no haces.
2. Reflexiona: ¿qué te pedía antes que ahora ya no te pide, pero sabes que necesita?
3. ¿Qué vacíos sabes que no has llenado?
4. ¿En qué áreas has rechazado a tu pareja por lo que ha tomado distancia con un sentimiento de derrota?

La pregunta no es cómo voy a transformar o solucionar todo. La pregunta es qué pequeño paso puedo dar hoy, qué semilla de amor puedo sembrar hoy, qué vacío puedo llenar ahora.

Te lo planteo de esta forma: el bien y el mal se multiplican y, si todos los días a lo largo de cuatro semanas te has negado a satisfacer alguna necesidad de tu pareja, a fin de mes se acumularon treinta rechazos que abrieron un abismo entre los dos. Así que, para tender un puente sobre ese abismo, para quitar los números rojos de esa cuenta, debes hacer depósitos que agreguen valor.

Quizá el primer día no veas mayor diferencia, tal vez el segundo día tampoco veas un cambio positivo, pero no te enfoques en el resultado a corto plazo; más bien enfócate en el objetivo de depositar cada día pequeñas prendas de amor, satisfacer una necesidad, atender y cuidar.

Como si fuera un rayo láser con el objetivo bien ubicado, concéntrate en dar, en amar de nuevo, en entregarte como lo hacías cuando eran novios. No te desanimes, porque suele suceder que pretendemos ver resultados muy pronto y, si todo sigue igual luego de algún tiempo, terminamos en un abismo más profundo. El éxito de tu matrimonio depende de esos pequeños aportes diarios que depositas en la cuenta de amor de tu pareja. No se trata de una enorme acción tan trascendental y transformadora que cambia todo instantáneamente.

Lo verdaderamente importante es volver a crear el hábito de ponerle atención a las viñas, a las cosas pequeñas que para algunos son insignificantes. Solo de esa forma obtendremos grandes resultados que nos brindarán gozo y éxito en nuestra relación. Si me preguntaras: "Freddy, ¿dónde crees que terminará mi matrimonio?". Yo te respondería con otras preguntas para saber a qué nos enfrentamos: "¿Eres alguien que presta atención a los pequeños detalles? ¿Sientes que no le importas a tu pareja o tu pareja siente que no te importa? ¿Te reclama que no le dedicas tiempo? ¿Estás consciente de que tu pareja tiene necesidades que tú debes satisfacer cada día? ¿Todo te molesta y te enojas con facilidad? ¿Tu pareja es tu prioridad? ¿Te esfuerzas por dar amor y cariño?". De tus respuestas depende el éxito o fracaso de tu matrimonio.

Cuando esos detalles cotidianos no existen, dejan un vacío que se siente como una espada de doble filo que hiere, por eso comparto contigo este principio en las primeras páginas del libro, pues es la base para edificar tu matrimonio. Dos personas que se sienten vacías, incompletas y rechazadas difícilmente estarán dispuestas a restaurar su relación.

Al preguntarle al boxeador olímpico que ganó la medalla de oro cómo se preparaba para una pelea, su respuesta fue que desde niño su papá lo levantaba temprano para salir a correr y formó ese hábito que lo ayudó a ser disciplinado. Muchas veces, nos preguntamos desconcertados cómo es que cierta pareja vive una eterna luna de miel, cuál será el gran secreto de su éxito, pero qué tal si te digo que no hay ningún gran secreto, sino que un pequeño y práctico consejo: siembra todos los días, constantemente, amor y atención en tu relación. Si lo haces, un día alcanzarás la meta de verte de pie, junto a tu cónyuge, en victoria y feliz porque iniciaste la nueva disciplina de enfocarte en los pequeños detalles que hacen sentir amada y valiosa a tu pareja.

SIEMBRA TODOS LOS DÍAS, CONSTANTEMENTE, AMOR Y ATENCIÓN EN TU RELACIÓN

No te desanimes en el proceso, que nada te detenga. Sé constante como debes serlo con el ejercicio físico para ver cambios en tu cuerpo.

Seguramente los primeros días te verás igual y solo sentirás dolor porque tus músculos se estarán adaptando a una nueva rutina, pero con disciplina, al verte al espejo unas semanas después, ¡notarás la diferencia!

Todo lo que vale la pena requiere paciencia, esfuerzo y constancia. Todo lo grande comienza pequeño. Los logros monumentales comienzan con una acción; un roble empezó siendo una semilla diminuta, tal como una gran relación matrimonial se inicia con un pequeño gesto de interés.

Olvídate de tus problemas, olvídate de lo que la otra persona ha hecho mal o no te ha dado. Por favor, resiste la urgencia de ver resultados inmediatos, enfócate en hacer tu parte al depositar una semilla de amor en el corazón de tu pareja. Cuídala, abónala, hidrátala, y verás que brota una pequeña plantita que irá creciendo fuerte y llena de nueva vida.

Pasos prácticos

Veinte pequeñas cosas que marcarán una gran diferencia en tu relación matrimonial:

1. Salúdense cálidamente.
2. Ofrezcan una palabra amable.
3. Den gracias.
4. Hablen la verdad con amor.
5. Miren el lado positivo de la otra persona y de cada situación.
6. Omitan las pequeñas molestias.
7. Acurrúquense juntos, duerman abrazados.
8. Sírvanse alegremente.
9. Oren uno por el otro.
10. Escúchense con atención.
11. Pidan disculpas humildemente.
12. Bésense en los labios.
13. Ríanse de sus chistes.
14. Den una respuesta suave.
15. Aparten tiempo para estar juntos.
16. Sonrían mutuamente.
17. Perdónense completamente.
18. Pasen tiempo juntos.
19. Edifíquense uno al otro.
20. Decidan amarse.

Tarea

1. Reflexiona sobre tu matrimonio. Reconoce las debilidades de la relación para buscar cómo transformarlas en fortalezas.

Escribe en una hoja cuáles son las características intelectuales, sociales, físicas y espirituales en las que tú y tu pareja tienen en común y en cuáles son diferentes. Responde las preguntas.

¿Qué puedes hacer para fortalecer esas áreas de diferencia?

¿Qué acciones concretas realizarás?

2. Sugiere a tu pareja que lea este capítulo, que haga su lista y responda a las preguntas. Cuando ambos se sientan listos para escucharse y dialogar al respecto, compartan sus resultados y acuerden acciones específicas. Concéntrese en un área a la vez.

¡Van por el camino correcto para disfrutar de su amor plenamente!

Capítulo 2

SOMOS DIFERENTES: CONOZCÁMONOS Y CUMPLAMOS CON LO QUE NOS CORRESPONDE

Ellie y yo nos conocimos y enamoramos en la universidad. Era mi segundo año de estudios y el primer año de ella cuando la vi, en un pasillo, caminando hacia mí. Su vestido rojo se movía al ritmo de sus pasos. Me robó la mirada inmediatamente, pero me dije: "Está fuera de mi liga, es demasiado para mí". Unos días después en la capilla, mi mejor amigo, que estaba sentado a mi lado, la vio y me dijo enfáticamente: "Debes invitar a salir a esa chica. Es mi compañera en una clase y le hablé de ti". Yo me sorprendí de su audacia, pero solo sonreí.

Luego descubrí otra "coincidencia". Una amiga era compañera de habitación de Ellie y me contó: "¿Sabes? Le recomendé a mi amiga que saliera contigo". ¿Cómo fue que se le ocurrió decirle eso? Cuando ya estábamos saliendo juntos, Ellie me comentó que se le hizo curioso que dos personas le recomendaran salir conmigo. Esa curiosidad la motivó a preguntar por mí y observarme. En el comedor del campus ella pidió a sus amigos que le dijeran quién era Freddy DeAnda. Justo cuando me identificaron, yo estaba parado frente a la mesa de unas chicas que me habían saludado y reían muy contentas. Entonces, Ellie dijo: "No quiero salir con ese coqueto".

Finalmente, tomamos una clase juntos. Por supuesto, esa chica de hermoso cabello rubio me gustaba mucho, así que comencé a llegar más temprano para verla. Así pasamos un par de semanas sonriéndonos, saludándonos, hasta que tuve valor para pedirle una cita. Ese día, su clase había terminado temprano, por lo que justo la encontré alistando sus cosas para irse.

—¡Hola! Soy Freddy. ¿Me permites acompañarte a tu siguiente clase? —le pregunté con las manos sudorosas, intentando no tartamudear.

—¡Hola! Soy Ellie— respondió ladeando un poco su cabeza como tomándome una radiografía—. Sí claro, voy al aula del otro edificio— me dijo con una sonrisa que me iluminó el día y la vida.

Así empezó nuestra imperfecta, pero emocionante y hermosa historia de amor. Fuimos novios durante tres años y un mes, tiempo que consideramos suficiente para conocernos y decidir que estábamos dispuestos a planificar una vida juntos porque, siendo diferentes, nos complementábamos. La verdad, no sé cómo Ellie me ha aguantado todos estos años. Creo que una de las claves ha sido que los dos habíamos rendido nuestra vida para servir a Dios desde muy jóvenes, y la universidad donde estudiamos nos preparaba para ese propósito, así que, al conocernos, ya teníamos varias cosas a favor: ambos sabíamos el rumbo que tomaríamos y estábamos comprometidos con el ministerio cristiano. Sin embargo, esas ventajas no son suficientes para una vida juntos. Ya veremos por qué.

Tiempo para conocerse

No hace falta decir que, durante nuestro noviazgo, ¡no había quién nos separara! Yo crecí prácticamente solo, así que encontrarla y sentirme amado, más que agradable, fue una sensación embriagadora porque era intensamente placentera, algo nuevo para mí. Fue como si me inyectaran vida. Uno de los rasgos de Ellie que me enamoró fue su sencillez y capacidad de hacer sentir bien a quien se le acerque. Ella trata a todas las personas con el mismo amor y respeto, sin hacer diferencia de ningún tipo. Después de unas semanas de salir juntos, me invitó a conocer a sus padres en un servicio de la iglesia y me impresionó el respeto con el que trataba a sus padres, especialmente a su papá. Yo crecí sin mi papá, así que te imaginarás que esa dinámica familiar también era nueva para mí. ¡Me encantó!

Un día, al salir de la capilla de la universidad para ir a comer, Ellie me dijo que no podía acompañarme. Me sorprendió porque siempre almorzábamos juntos y me asustó pensar que algo no andaba bien. Le pregunté, pero ella no respondió. Eso me alarmó más aún.

—¿Pasa algo, Ellie? ¿Algo está mal entre nosotros?

—No, Freddy, es solo que hoy me levanté tarde y tuve que salir corriendo. No tuve espacio para mi tiempo devocional y lo necesito.

¡Wow! Creo que no puedes imaginar lo que su comentario significó para mí. Fue como si le subieran la dosis al amor en mí. Me emocionó que su relación con Dios fuera lo más importante. Ese día lo supe en mi corazón: había encontrado a mi esposa y a la madre de mis hijos. Ha sido mi mejor decisión porque al darle el primer lugar a Dios, Ellie ha recibido de él lo que necesita para amarme con todo y mis defectos, porque nadie me conoce como ella. Cuando ha sido necesario, va delante de Dios para que su gracia me transforme y obre en mi corazón. Además, Ellie se visualizó como mi complemento y yo me visualicé como su complemento. Eso nos ha ayudado a superar los conflictos. Es un hecho que por muy enamorada que se sienta una pareja cuando son novios, y por mucho que disfruten de todo lo que hacen juntos, se requiere carácter y determinación para que ese amor trascienda en el tiempo.

Es frecuente que durante el noviazgo mostremos lo mejor de nosotros porque estamos en el proceso de enamoramiento. No solo me refiero al aspecto físico, sino también al carácter: siempre sonrientes, amables y cariñosos. Por eso es importante ir despacio.

Cuando tomamos precipitadamente la decisión de unirnos en matrimonio, a veces resulta que nos casamos con una persona desconocida y después nos llevamos terribles sorpresas. Muchas veces no se trata de querer engañar, sino de que deseamos que nos amen, pero ese esfuerzo debe moldearnos para sacar lo mejor de nosotros por el resto de nuestra vida.

EL MATRIMONIO ESTÁ DISEÑADO COMO UNA RELACIÓN GENEROSA DONDE RECIBIMOS EN LA MEDIDA QUE ESTAMOS DISPUESTOS A DAR

El matrimonio está diseñado como una relación generosa donde recibimos en la medida que estamos dispuestos a dar. Para lograrlo, debemos tener muy claro que el corazón de la pareja es lo más valioso en nuestras manos. Así que enfrentamos el reto de conocerlo, alimentarlo y cuidarlo demostrando amor del bueno. ¿Qué tal si te propones hacer del conocimiento de tu pareja una ciencia? Es decir: obsérvala, analízala, conócela incluso mejor que ella misma para saber cómo hacerla sentir amada. Si hay alguna competencia en el matrimonio que sea por ver quién puede sacrificar más en favor del bienestar del otro, a partir del profundo conocimiento de sus fortalezas, debilidades y necesidades.

Todos sabemos que cuando alguien se alista en el ejército, está diciendo: "Estoy dispuesto a dar mi vida por mi país. Estoy dispuesto a morir". Pues justamente eso es el matrimonio, el compromiso de dos personas dispuestas a dar la vida. Pero muchas veces, cuando me piden consejo, escucho que me dicen: "¡Ah!, es que yo no sabía en qué me estaba metiendo al casarme"; "Yo no sabía que sería así", "Yo no sabía que perdería mi libertad". Pues te cuento que cuando nos casamos, todo cambia porque decidimos morir a nosotros mismos para dar vida a una familia. Por eso le digo a los solteros que, si no se sienten dispuestos a morir a sí mismos por el bien de una relación, no están listos para casarse. Si quieres seguir con tus amigos y amigas en Facebook, si quieres seguir saliendo de fiesta, no te cases. Si quieres disfrutar de tu soltería, sal corriendo cuando te pidan matrimonio, porque todo cambia al decir: "Sí quiero", más aún cuando nacen los hijos y ¡el doble cuando llegan los nietos!

Es triste que algunas esposas me digan: "Freddy, antes de casarnos ya había un problemita con la bebida"; "Pues la verdad es que él siempre fue mujeriego"; "Yo pensé que cuando nos casáramos asumiría responsabilidad y seriedad". Piénsenlo antes de comprometerse, por favor. Ahora bien, si decidieron casarse o ya están casados, es momento de asumir responsabilidades, de acuerdo con la función de cada uno, para que su matrimonio se convierta en una relación que ambos disfruten plenamente.

A veces, parece que después de casados sacamos la uñas. Es como si dijéramos: "Ya me sacrifiqué cuando éramos novios, ahora le toca aguantarme como soy". Obviamente esa no es la actitud correcta. Al contrario, luego de la luna de miel, tu pareja debería decir: "¡Ahora que vivimos juntos veo que me gané la lotería! ¡Salí ganando en esta relación! Tengo la mejor pareja del mundo". Yo soy cristiano, y como hijo de Dios, me guío por su Palabra. Te abro mi corazón respecto a esto, porque mi deseo es que mis consejos edifiquen tu matrimonio sin importar tu creencia religiosa. El éxito de mi experiencia matrimonial y el de muchas parejas que he aconsejado ha sido seguir las enseñanzas que Dios nos brinda, a partir del mutuo conocimiento y aceptación de esas diferencias que nos convierten en complemento.

Roles diferentes y complementarios

Una relación funciona cuando cada uno asume su papel al aceptar que nos complementamos. En ese caso, podemos decir que el matrimonio es funcional; al contrario, será disfuncional cuando cada uno desea hacer su voluntad y, peor aún, cuando uno intenta dominar al otro. Un equipo de fútbol no gana solo con un jugador que se impone a los demás. Lo mismo sucede en el matrimonio: hay que descubrir cuáles son las fortalezas de cada uno para ponerlas al servicio de la relación. Mi esposa y yo venimos de familias separadas. Eso es algo que tenemos en común. En ambos lados hay un historial de divorcios y queremos romper con las heridas y traumas que esa situación genera. No culpo a mis padres, porque ellos no tenían el conocimiento de las Escrituras como nosotros.

Con relación al matrimonio, es necesario hablar temas que son comunes, y también hay que hablar específicamente al esposo y a la esposa, porque cumplimos diferentes roles. Entonces, vamos por partes. Primero, permíteme hablarte de la naturaleza de esa unión para luego enfocarnos en el papel de cada uno. ¿Te parece? ¡Perfecto! Entonces, aquí vamos.

Lo que te propongo es que visualices el matrimonio como un modelo de generosidad y entrega total. Pero no te asustes, dame una oportunidad. Al ser una actitud que ambos asumen, los dos salen ganando. No sé si alguna vez te ha pasado que al organizar una reunión familiar todos se ponen de acuerdo para llevar algo y compartir. Son esas fiestas de "traje": "Traje el arroz… traje la carne… traje las tortillas". Pero a veces, no todos llevan algo y hay que ver de qué forma alcanzan los frijolitos que solo la tía Eugenia llevó. Es triste cuando solo alguien da. ¿Cierto? Entonces, en la siguiente reunión, dicen: "Ahora sí, por favor, cada uno comprométase a traer algo". ¡Y abunda tanto, que hasta se reparten ensalada, tortillas y arroz para llevar a casa! En esa situación se siente como si nos dieran más de lo que ofrecimos. Justo así es un matrimonio en el que ambos nos comprometemos a dar cuidado y amor a nuestro cónyuge. Nos sentimos afortunados porque recibimos más de lo que damos. El verdadero amor es eso, una competencia para ver de qué forma yo puedo sacrificar más para demostrarle a mi pareja que la amo.

Me detengo en esto porque es frecuente que me pregunten quién debe salir ganando en el matrimonio. Mi respuesta es: "En un buen matrimonio, los dos deben salir ganando". Ambos deben sacrificarse por el bienestar del otro. Cada uno debería asegurar: "Yo no me preocupo por mí, porque mi cónyuge se encarga de eso. Yo me preocupo por mi pareja". Ese es el diseño de Dios para la vida matrimonial. Él jamás creó algo para fracasar o para lastimar. Entonces, ¿por qué fracasamos y lastimamos? Porque nos alejamos de la receta original. Si el matrimonio nos hace daño es porque hemos permitido que ingredientes tóxicos como la indiferencia, las mentiras o la falta de respeto estén presentes. Algunos me dicen: "Freddy, es una relación tóxica que me hace daño". Entonces les aconsejo: "La solución es que revisemos las instrucciones del fabricante del matrimonio".

He leído muchos libros sobre relaciones de pareja, y puedo asegurarte que es Dios quien finalmente me hizo comprender la verdadera naturaleza de la unión matrimonial. Déjame compartir contigo uno de esos poderosos principios que le darán vuelta de tuerca a tu perspectiva. Solo te pido que mantengas tu mente y corazón abiertos a mis sugerencias, porque te garantizo que son efectivas. Las instrucciones están en la Biblia, que específicamente nos dice: "Someteos unos a otros"[1]. Hoy en día, decir esto es peor que una grosería,

> **PENSAMOS QUE AL HABLAR DE SOMETIMIENTO NOS REFERIMOS A PERMITIR QUE NOS HUMILLEN, PERO NO ES ASÍ**

porque pensamos que al hablar de sometimiento nos referimos a permitir que nos humillen, pero no es así. El mundo nos enseña que siempre debemos pensar en nosotros mismos antes que en

[1] Efesios 5:21

los demás, y luchar con uñas y dientes por nuestra conveniencia.
Déjame aclararte este punto. Por supuesto que cada persona debe
amarse, valorarse y fortalecer su autoestima. Eso no solo es de-
seable, sino que es básico para vivir casados o solteros. A lo que
me refiero es que obedecer la instrucción de someternos mutuamente en el matrimonio nos abre las puertas del corazón de nuestra pareja. No es con arrogancia sino con mansedumbre que dos
personas logran armonía en una relación. Por experiencia puedo
decirte que no es fácil lograrlo. De hecho, humanamente es imposible porque nuestra naturaleza es la de buscar lo que es mejor
para uno. Entonces, ¿qué hacer?

Someterse al diseño del fabricante

¿Te ha sucedido que cuando compras algún aparato eléctrico y
no lees las instrucciones te cuesta más aprender a usarlo? Cuando
finalmente te rindes con ese control remoto del mega enorme televisor que acabas de comprar y tomas el folleto para entender qué
debes hacer, en la primera página descubres que está clarito cuál
era el botón que debías presionar. Entonces, dices: "¡Ahhh, si aquí
estaba, ¿cómo no lo leí antes?!".

Lo mismo sucede con el matrimonio. Si lees las instrucciones
del fabricante y las obedeces, te garantizo que encontrarás rápidamente ese botón que debes presionar para que la relación funcione.
Por lo tanto, tener la disposición de someternos primero a Dios
nos permite comprender esta instrucción y confiar en que lograremos la plenitud matrimonial que anhelamos.

Ese versículo que dice "someteos" es el favorito de los esposos.
Al escucharlo o leerlo, dicen a su esposa envalentonados: "¡Ya ves,
sométete! Debes obedecerme, no andar de rebelde. ¡La Biblia dice
que te sometas!". Lo que no saben y deben descubrir es que al seguir

leyendo encontrarán la instrucción para ellos: "Amen a su esposa como Cristo amó a su iglesia". ¡Ahhhh!, con esa ya no se sienten tan valientes, ¿verdad? ¡Dios nos da la instrucción correcta a todos!

Hay que despojarnos de nuestro orgullo para que realmente suceda una transformación en nosotros y podamos amar como Dios nos pide. Sé que algunos hombres se resistirán: "No, Freddy, me veré muy mal. Tú no conoces a esta mujer rebelde con la que me casé". También sé que algunas mujeres protestarán: "Tú no sabes, Freddy, cómo me le voy a someter a él, ¡si es el diablo en persona! Es mi trabajo mantenerlo humilde". Sé que lo dirán porque más de una vez lo he escuchado en consejería. También han sido muchas veces las que me han dicho que estoy loco al pedirles esto.

> **HAY QUE DESPOJARNOS DE NUESTRO ORGULLO PARA QUE REALMENTE SUCEDA UNA TRANSFORMACIÓN EN NOSOTROS Y PODAMOS AMAR COMO DIOS NOS PIDE**

Ni las mujeres quieren someterse a su esposo ni ellos amar a su esposa a través del servicio, pero ese es el plan de Dios para abrir la puerta al amor que nos complementa. Sin duda, conoces a tu pareja y sabes "de qué pata cojea", como decimos en Latinoamérica. Es decir que conoces sus debilidades y sabes que no habrá poder humano que le convenza de someterse. Es en ese momento que debemos actuar en fe, no viendo a la persona tal cual es, sino poner los ojos en Dios, en lo que él pide. Comencemos a cambiar nosotros para modelar ese cambio que deseamos ver en el otro. Es muy fácil exigir que nuestra pareja haga cambios, pero es difícil trabajar en nuestro propio proceso de mejora, y eso es lo que debemos hacer, porque para recibir hay que dar y para cosechar hay que sembrar.

Quita la mirada de tus circunstancias. No veas lo que tu cónyuge hace o no hace, sino mira y obedece a Dios. La instrucción no dice: "Si tu pareja hace tal cosa, tú debes hacer tal otra". ¡No! Cada uno tiene su responsabilidad y debe asumirla sin importar lo que el otro haga. Con ese "pequeñísimo detalle" es con el que nuestra carne pelea, pero si puedes someterte en obediencia, te aseguro que Dios transformará tu hogar.

Él quiere bendecirnos, pero nos cuesta despojarnos del orgullo para ser obedientes a su diseño. Sin embargo, debemos sujetarnos a Dios, entonces él obrará en la otra persona lo que nosotros no podemos lograr por cuenta propia y jamás lograremos. Si yo hago lo que me toca y entrego a la persona en las manos del fabricante, él transformará su corazón. Un hombre no puede lastimar y abandonar a su esposa para luego pedirle a Dios que la cambie. Una mujer no puede faltar el respeto a su esposo y pedir a Dios que lo cambie. Las puertas de los cielos se abrirán para aquellos que quiten su mirada de las circunstancias, hagan su parte y confíen en que solo Dios puede obrar la transformación que ambos necesitan.

¿Qué es amor?

Dar la vida por el ser amado[2], tal como lo hizo Jesús por nosotros, eso es amor y requiere sacrificio. En mi caso fue necesario, claro que sí. Yo no participaba en los eventos con la familia de Ellie. Yo crecí en un ambiente muy particular. La Navidad, los cumpleaños y otras fechas especiales no significaban nada para mí. Eran un día más, no había pastel ni regalos cuando yo cumplía otro año de vida. Simplemente me levantaba y comenzaba mi rutina como todas las otras trescientas sesenta y cuatro rutinas de los doce meses. Mi esposa, al contrario, creció en un ambiente muy tradicional de celebraciones y eventos grandes a los que yo me negaba: "Yo no quiero ir con tu abuelita, estoy ocupado. Tengo cosas importantes que atender". Así que llegó un momento en el que ella ya no me

---

[2] Juan 15:13

tomaba en cuenta y, si por algún motivo la acompañaba, luego se lo echaba en cara. Era como mi carta bajo la manga, que sacaba a conveniencia cuando quería tomar ventaja: "Yo soy un buen esposo, te acompaño, aunque no quiero". Eso no era justo para ella, pero yo no lo entendí hasta que me sometí a Dios y él obró en mí.

Muchas veces somos un éxito fuera del hogar, pero en casa queremos demandar sin dar algo a cambio. Los esposos servimos a otros y no a nuestra esposa. Un día, muy cansado, yo iba de regreso a casa pensando llegar a tirarme a la cama, pero Dios me confrontó: "¿Cuál es tu primer ministerio?". ¡Wow! Claro que mi mujer y mis hijos, así que no podía descuidarlos. A partir de ese momento, mi familia es mi prioridad. El mundo tacha como débiles a los hombres que escuchan a su esposa y cuidan de su familia, pero ¿crees que me importa si alguien piensa que soy débil? ¡Claro que no! Porque no lo soy, al contrario, tuve que ser un hombre muy fuerte para reconocer mis errores y corregirlos. Además, cualquier crítica es nada frente a la felicidad que Ellie, mis hijos y yo compartimos.

Ambos, esposo y esposa, deben poner de su parte. A la esposa le pregunto qué es amor. Es someterte a tu esposo y entregárselo a Dios en oración. Al esposo también le pregunto qué es amor. Es despojarte de ti mismo y amar como Jesús amó, es decir, siendo el mayor siervo en tu casa. Te comparto estos consejos convencido de que funcionan, porque ser humildes y serviciales nos abre puertas siempre y en todo lugar, especialmente en nuestro hogar. El matrimonio y la familia fueron diseñados para conocernos y apoyarnos sin arrogancia ni egoísmo.

Sé que estoy planteando un reto enorme para la pareja, pero no te desanimes. Creo que, en el fondo, todos sabemos que el matrimonio es hermoso, aunque requiere esfuerzo, y si hemos caminado por el sendero incorrecto, hace falta corregir el rumbo, instruidos en lo que sí funciona. Por supuesto que el cambio de actitudes en ambos será gradual. En el capítulo anterior hablamos de que la transformación no sucede de la noche a la mañana. El proceso de mejorar a partir de someterse uno al otro es como un pastel que debe hornearse a la temperatura y el tiempo precisos. Si deseamos que esté antes y le ponemos más alto el calor, el pastel se chamuscará; si lo dejamos a baja temperatura, quedará crudo. Todo tiene su tiempo. Esposa, dale espacio a tu esposo, no lo condenes con tus palabras. Esposo, dale espacio a tu esposa, no la dejes sola sin respaldo y sin respuestas a sus preguntas. Eso es amor: poner los pies sobre la tierra y decidirse a ser una pareja que se complementa.

Caballero, ¿no te ha sucedido que subes al auto de tu esposa y ves que se enciende una luz en el tablero? Entonces, le preguntas: "Oye, mi amor, ¿ya notaste esa luz en tablero? ¿Desde cuándo está encendida?". Ella, que realmente no presta mucha atención a esos temas, tal vez te responde: "Ah, mi amor, ya lleva un par de semanas así". Y tú abres los ojos como platos con expresión de asombro porque ¡son las luces que advierten sobre el cambio de frenos! Pues algo así sucede cuando pensamos en el divorcio que realmente es un síntoma, una luz roja que advierte sobre problemas más profundos: la dureza de nuestro corazón[3] que no comprende la verdad matrimonial. ¿Cómo hacemos para solucionar esto? Volver al principio, a lo básico, a comprender el rol del hombre y de la mujer, pues los conflictos de una relación generalmente son reflejo de problemas individuales. Así que ahora, hablemos específicamente de las características y roles de cada uno.

Proveedor, cultivador y protector

Primero hablemos a los hombres. Sé que, como caballero, debo darle el paso primero a las mujeres, pero en este caso, es mejor

---

[3] Mateo 19:8

comenzar con los varones. Ya verás por qué. Yo respeto mucho a los hombres, obvio, soy hombre y los entiendo mejor que a las mujeres. Por eso sé que es un poco más difícil para nosotros recibir corrección y, también por eso, respeto mucho a los hombres que están dispuestos a escuchar.

Vale la pena volver al inicio para recordar que Dios formó al hombre del polvo de la tierra y sopló en su nariz aliento de vida[4]. Luego, la mujer salió del hombre. Esto es determinante para entender nuestros roles en el matrimonio. El hombre se levanta por las mañanas y sale a trabajar porque sabe que hay responsabilidades que debe cumplir. ¿Cómo te sientes, caballero, cuando Dios te da la fortaleza y la energía para suplir las necesidades de tu familia? ¡Te sientes como Tarzán! Casi puedo verte golpeándote el pecho con tus puños para gritar como este hombre mono lo hacía para que toda la selva lo escuchara. Yo lo intenté, pero no me salió bien el grito; sonó como si Tarzán no hubiera comido suficientes frijoles ese día. Pero qué pasa cuando te quedas sin trabajo y tu esposa te dice: "Pues, yo puedo hacer tamales, mi amor, y me voy a venderlos". ¿Cómo te sientes? Claro, además de entusiasmado por comer tamales, seguramente te sientes inútil y frustrado porque no has podido cumplir tu papel como proveedor. Los buenos hombres saben trabajar para llevar el sustento a casa, pero una esposa y una familia también tienen necesidades espirituales y emocionales que no se suplen con el dinero que se gana trabajando. Entonces, ¿qué hacemos?

Sabemos que Dios fue quien sopló el aliento de vida en el hombre, así que solo podremos suplir esas necesidades espirituales y emocionales de las personas que amamos si tenemos el hábito de regresar ante la presencia de Dios para que nos vuelva a dar aliento de vida que compartir. Cuando no es suficiente lo que proveemos, trabajamos más, pero si lo que hace falta es suplir las necesidades

---

[4] Génesis 2:7

espirituales y emocionales de nuestra familia, la respuesta se encuentra en la presencia de Dios. La mujer salió de la costilla del hombre, así que es parte de él y lo visualiza como su líder. Las esposas dicen: "Tú eres mi líder espiritual. Tú eres la persona que Dios puso en mi vida para suplir mis necesidades". La mayor queja que escucho de ellas es sobre ese vacío espiritual y emocional que sienten. Si la esposa se acerca triste, afligida y dice al esposo: "Mi amor, los niños te necesitan, yo te necesito, me siento vacía", seguramente él se sentirá frustrado porque si no ha buscado el aliento de vida que solo Dios puede dar, no tendrá con qué suplir esa necesidad.

Cuando Dios formó al hombre, lo primero fue moldearlo, hacer una figura a la que le sopló aliento de vida, pero sin eso, solo era como un esqueleto inanimado. Muchas veces el esposo es eso en su casa, solo una figura vacía, que no está presente, porque alejado de Dios, no puede dar lo que no tiene: ¡vida! ¿Cuál es la solución? Permitir que el Creador sople aliento de vida. Y para eso debe pasar tiempo con él. Todos los hombres, esposos o futuros esposos, padres y futuros padres necesitamos urgentemente ir a la presencia de Dios y decir: "Señor, así como salgo a trabajar para suplir las necesidades terrenales, de la misma manera vengo a ti porque mi esposa y mis hijos tienen necesidades que solo podré suplir si soplas tu aliento de vida en mí". Esa es la razón por la que Dios hizo primero al hombre y la razón por la que yo le hablo primero a los hombres.

EL PROBLEMA NO ES LA ESPOSA NI LA RELACIÓN MATRIMONIAL, EL PROBLEMA ES TENER UN CORAZÓN FRÍO

Es un reto porque las mujeres son más sensibles a los temas espirituales. Para ellas es más fácil buscar ayuda. Creo que por eso los matrimonios y las familias están enfrentando tantas crisis. Amigos: el problema no es la esposa ni la relación matrimonial, el problema es tener un corazón frío que debe acercarse a Dios.

Otro punto muy importante es comprender que los hombres somos cultivadores. Dios puso al hombre en el jardín del Edén para eso[5]. El hombre trabaja la tierra, toma una semilla y la siembra para que dé fruto. Una esposa es una semilla y el trabajo del esposo es cultivarla, sacar lo mejor de ella. Toda mujer anhela un hombre que la edifique, que deposite vida en ella. Una mujer quiere un hombre que vaya a Dios, que reciba aliento de vida y se lo dé a ella, que la nutra y la cuide. ¿Ves? Lo que debemos hacer es cultivar en nuestra esposa lo mejor para obtener lo mejor. No sembremos cizaña, crítica y dolor. Un buen esposo no siembra problemas en su propio terreno, sino que siembra lo mejor en ese hermoso jardín que Dios le dio, porque la mujer es un reflejo del cuidado y amor que ha recibido.

A las mujeres solteras les aconsejo que no se casen con un hombre que no pueda cultivarlas, nutrirlas y suplir sus necesidades, darles el aliento de vida del Señor. A veces preguntamos a parejas que están por casarse dónde vivirán y la respuesta es medio evasiva: "No… pues ahí… mi mamá y mi papá nos van a dar una habitación en su casa". Si mi hijo me dijera: "Pa'… ya tengo veintiún años, me quiero casar", le respondería: "¡¿Qué?! Si tu mamá todavía te lava los calzones, ¿dónde vivirás con tu esposa? ¿Cómo la vas a mantener? No, no, no. Eso, en mi casa, no". Una mujer no debe casarse con un hombre que es como un niño que le pide prestado para pagar sus cuentas, con la esperanza de que "ojalá, algún día, cambie".

¿Qué más somos los hombres? Dios nos hizo protectores. Además de cultivar el huerto del Edén, también le encomendó a Adán cuidarlo. Los hombres protegemos del peligro. Nuestra esposa viene a nosotros cuando siente peligro emocional, personal o sobre los hijos.

---

[5] Génesis 2:15

Hagamos un resumen:

1. Los hombres fuimos creados a imagen de Dios y las mujeres salieron de nosotros.

2. Necesitamos ir a Dios para suplir las necesidades de nuestra esposa e hijos. ¿Cómo prácticamente hago esto?, llevo mis preguntas a Dios, admitiendo que no tengo todas las respuestas. Le pido que así como le dio aliento de vida a Adán, a mí también me de aliento de vida para mi jardín mi hogar. Le pido a Dios que me ayude a suplir las necesidades emocionales y materiales de mi esposa.

3. Somos trabajadores, cultivadores y protectores.

4. Nuestra esposa acude a nosotros porque tiene necesidad y tenemos la responsabilidad de satisfacerlas material, emocional y espiritualmente.

5. ¿La solución es reprenderla y mandarla a quién sabe dónde? ¡Claro que eso no funciona!

6. Una última cosa: los hombres sabemos escuchar y recibir instrucción porque Dios nos indicó lo que debíamos hacer en el huerto del Edén. Por lo tanto, debemos conocer la Palabra.

7. Cuando nuestra esposa se acerque con un problema, podremos decirle: "Mi amor, dame tiempo para escuchar qué dice Dios, porque mi opinión no es suficiente". Un hombre que pasa tiempo con Dios logra ser y hacer todo aquello para lo que ha sido formado.

Una última cosa: los hombres sabemos escuchar y recibir instrucción porque Dios nos indicó lo que debíamos hacer en el huerto del Edén[6]. Por lo tanto, debemos conocer la Palabra. Cuando nuestra

---

[6] Génesis 2:16

esposa se acerque con un problema, podremos decirle: "Mi amor, dame tiempo para escuchar qué dice Dios, porque mi opinión no es suficiente". Un hombre que pasa tiempo con Dios logra ser y hacer todo aquello para lo que ha sido formado.

Apoyo, multiplicadora, animadora

Ahora vamos con las damas. La mujer salió del hombre porque Dios vio que no era bueno que el hombre estuviera solo[7], pero notemos que habla de un hombre trabajador, cultivador, protector, que conoce su Palabra y tiene íntima relación con él. Así que atentas. Anoten esas cinco características que debe tener un hombre para ser de los que Dios consideró que debían tener ayuda idónea. Si no tiene una de ellas, es mejor que reconsideren tu relación, porque causará problemas graves en el matrimonio.

Al ser ayuda idónea, la mujer tiene herramientas especiales para apoyar a su esposo. Pero actualmente, pareciera que las mujeres se han vuelto controladoras en vez de ayudadoras, y también parece que no están contentas a menos que ellas manden. "Tú me vas a obedecer a mí", piden. La mujer no será controladora si el hombre tiene clara la visión y le muestra el rumbo. Eso puede arreglarse cuando el hombre se alinea con Dios. El problema comienza cuando la mujer piensa que lo que ella hace es más importante que lo que su esposo hace (y viceversa). Si la mujer tiene planes para su vida que no incluyen respetar y apoyar a un hombre, lo mejor es que no se case porque no encontrará realización. Lo que una novia y un novio le dicen a su futuro cónyuge es algo como: "Voy a poner mi vida a un lado para ayudarte; dejo lo que yo anhelo, dejo mis planes para ayudarte a ti".

---

[7] Génesis 2:18

Además, una mujer es una incubadora. Yo protejo mucho a mi esposa de ciertas noticias negativas porque tengo cuidado de la semilla que siembro en su corazón. Una mujer multiplica lo que le des, lo desarrolla, lo hace crecer. De una célula, ella da vida a un bebé; de una casa, ella hace un hogar; si le das amor, ella te da una familia; pero si le das maltrato, no esperes dulzura en retribución.

Una mujer reproduce, regresa lo positivo y negativo que su esposo le da. Si le dan frustración, ¡ella regresa frustración! Puede que el esposo haya tenido un problema familiar y al entrar del trabajo se lo cuenta a su esposa. Ella lo escucha con atención y resulta que luego toma el teléfono para hablar con los involucrados en el problema y "solucionar todo". ¡No! ¡Cuidado! Ambos deben actuar con sabiduría.

Otro rasgo valioso es que la mujer debe ser animadora. Los hombres también necesitamos palabras de ánimo, especialmente de su esposa. La comunicación de ella no debe ser solo para decir lo que él hace mal, lo que nunca hace bien en la casa, con ella o con los hijos, porque se sentirá frustrado e impotente. La esposa debe hablarle de lo que sí hace, reconocer su esfuerzo. De hecho, nadie debería echarle más porras a un hombre que su esposa. Cuando él llegue del trabajo, ella debe estar lista: "¡Chiquitibum, a la bim, bom, bam, chiquitibum a la bim, bom, bam, tú puedes, tú puedes, ra, ra, ra!". Entonces, ese esposo que llega frustrado porque el patrón le acaba de ladrar en el trabajo o porque casi choca en el tráfico, se sentirá reconfortado al ver a su esposa animándolo. Así, ningún esposo va de regreso a la calle a buscar consuelo, sino que desea quedarse en casa donde encuentra el ánimo que necesita. ¡¿Qué tal si la esposa se compra un traje de porrista?!

Invito a las esposas para que analicen si su crítica ha ayudado en algo a la relación. ¿Ha tenido algún efecto positivo que le hablen a su esposo como a un niño? Estoy seguro de que no porque los hombres no aceptamos eso, nos bloqueamos, queremos ser respetados. Escucharemos a una mujer que nos anima, no que nos regaña. Así que sería genial que las esposas se propongan: "Todos los días animaré a mi esposo en algo". ¡Que esa sea una meta! No importa qué tan enojada esté la esposa con su esposo, seguramente hay algo bueno por lo cual decirle algo lindo y agradecerle diariamente. Las palabras de afirmación provocarán un millón de veces algo mejor en él que toda la crítica.

Una esposa debe lograr que para el hombre sea difícil salir de su casa a trabajar porque lo que quiere es quedarse con su mujer. Un esposo que ya está listo con el almuercito que le prepararon, debería llegar a la puerta y darse la vuelta para darle un beso a ella; debería subirse a la camioneta, llegar a la esquina y regresarse porque no quiere dejar a su esposa. Debería estar pendiente de que llegue la hora de regresar corriendo donde está ella. Ambos tienen mucha presión, así que ambos necesitan ánimo. Claro, los hombres debemos ayudar en el hogar, pero también tenemos el derecho a un espacio libre de presión. Los hombres necesitamos eso, ambos lo necesitamos, hombres y mujeres. Pero como ayuda idónea, la mujer tiene las herramientas para brindar ese descanso. Entonces, cuando él llega del trabajo, cansado, preocupado porque no le fue bien, porque tal vez perderá dinero en algún negocio, la peor bienvenida es que le tiren encima un balde de reproches, críticas y quejas. ¿Qué diría él con eso? "¡Wow, gracias por la bienvenida, mejor me voy a otro lugar!". Y eso no es lo que queremos que suceda.

Un viernes no me fue bien. Iba de regreso a casa como a las 8:30 de la noche, con mi mente hasta el tope de problemas. Entonces, llamé a mi esposa: "Mi amor, llego como en quince o veinte minutos, ¿se te ofrece algo? Quiero que sepas que no tuve mi mejor día, ando bloqueado. Me gustaría reposar un poco". Ella me recibió con una actitud de ayuda idónea. A veces, ella me llama y me dice: "Los niños se portaron ¡ufff!, como si fueran solo tuyos". Entonces, yo entiendo que necesita mi comprensión, necesita que yo asuma la carga porque somos un equipo. Ambos necesitamos un lugar libre de presión. Por eso es importante la comunicación. Aunque un esposo no quiera dar detalles de lo que vivió y solo diga: "No tuve un buen día", lo mejor es que la esposa no lo presione para que le cuente. Sé que ella desea saber todo, pero él solo quiere paz. Esa es la oportunidad para demostrarle apoyo, ser cariñosa, hacerle su comida favorita, masajearle la espalda, mandar a los niños a pasear al perro al parque un par de horas para que puedan estar a solas. La esposa es ayuda idónea y sabe mejor que nadie cómo hacer sentir amado a su esposo.

Dios dijo que no es bueno que el hombre esté solo porque necesita un lugar donde se sienta animado, donde pueda descansar, donde tenga una mujer que lo apoye en su visión. No una que lo irrita, que lo humilla con sus críticas constantes, sino que lo escucha y valora, que busca conocerlo para saber cómo ayudarlo, cómo tratarlo, porque esa fachada de macho fuerte se cae cuando una esposa cariñosa e inteligente sabe cómo hacerlo sentir bien.

Si una esposa se propone analizar y conocer a su marido y se acerca con cariño, podría tener una conversación tan buena como esta:

—Mi amor, ¿cómo te fue hoy? Ya te tengo lista tu sopita, ven, siéntate. Mira, ¿cómo ves el bienestar espiritual de nuestros hijos?

—Gracias, mi amor. Pues, no, hoy no me fue muy bien. ¿Sabes qué? No veo que vayamos bien espiritualmente con ellos. Y… pues, no sé, a veces llego cansado del trabajo, ¿podrías darme la mano con eso?

—Ok, mi amor, déjame hablar con una de las amigas en la iglesia que he visto que han sacado adelante a sus hijos, a ver qué rutinas tienen y qué me aconsejan, ¿te parece?

—Sí, mi amor. ¡Eso me ayudaría muchísimo!

Pero si desde que escucha que abre la puerta, le grita: "¡Mira a qué horas vienes, nunca haces nada con los niños!", les aseguro que habrá pleito. ¿Ves la diferencia? Un hombre carga mucha responsabilidad y su esposa no debe ser una carga sino un respaldo. De la misma forma, el esposo debe ser soporte para ella y agradecer la buena disposición y ayuda que recibe, porque la responsabilidad de ella no es menor ni más ligera en lo absoluto.

Muchos hombres nos sentimos frustrados porque la mujer tiene un sinnúmero de atributos que Dios le dio y que necesitamos, pero a veces por orgullo, los rechazamos o no pedimos ayuda. Por eso es importante que sepamos que el divorcio no es el problema sino el síntoma de la dureza del corazón y de personas que no quieren cumplir con sus roles. Así, cuando estamos frustrados, lo mejor sería prender el foco y pensar: "Es cierto, mi mujer tiene necesidades espirituales que yo debo suplir. También tiene herramientas que yo necesito. Debo ser protector, no ponerla en peligro, y también escucharla porque puede aconsejarme". Si hay alguien sobre la faz de la tierra que le dará seguridad a una esposa es su esposo. Nadie más le dará lo que Dios nos encomendó darle. Esforcémonos por escuchar y entender a nuestra esposa, busquemos por qué ella dice lo que dice, qué es lo que hay en su corazón. Establezcámonos el reto de analizarla y conocerla incluso mejor que ella misma.

Kriptonita

Ellie es muy sensible a las palabras ásperas o lo que ella siente que es una crítica hacia su persona. Por lo tanto, las palabras de afirmación son como bálsamo para su espíritu. Si yo deseo hacer sentir bien a mi esposa, le digo lo excelente que hace algo, lo bien que cuida de mí, de mis hijos, de nuestra familia, lo buena administradora y consejera que es. Ni qué decir de lo hermosa que luce.

Me parece que esa sensibilidad fue tomando forma desde niña, porque su mamá siempre la comparaba con otras niñas y jóvenes: "¿Por qué no te vistes como tu prima?"; "Deberías ser tan buena como esa chica"; "Mira qué linda se ve aquella niña. Deberías peinarte así". Entonces, cuando una palabra negativa sale de mí, ella recuerda aquellos mensajes y lastimo su corazón. Aprendan a conocerse. No hay fórmulas exactas. El reto es descubrir las dosis correctas para cada uno.

¡Marido y mujer necesitan conocerse! Buena parte de mi niñez no la viví con mis padres. A partí de los ocho años, viví con mi hermana. Mi hermana fue mi mamá y mi papá, así que me cuesta manejar el rechazo, aunque yo me lo esté imaginando. Cuando siento que hay desconexión entre Ellie y yo, ¡wow!, eso me afecta muchísimo.

TU HISTORIA ES ÚNICA Y TU PAREJA DEBE CONOCERLA

Ella lo sabe y me cuida; me ha educado sobre el amor más que nadie y si la siento alejada, me vuelvo loco. Tu historia es única y tu pareja debe conocerla. Hay rasgos de tu niñez que te han marcado y te hacen reaccionar de cierta forma. Si tu pareja no sabe cuál es tu kriptonita, no puede evitarla.

Estimada dama, anímalo, conócelo, no lo acuses. Pregúntale: "¿Cómo te gusta esto, mi amor? ¿Cómo quisieras esto? ¿Te gustó esto? ¿No te gustó esto?". Ustedes saben cómo complacer. Si yo te pregunto cuál es el plato favorito de tu marido, tú me lo dirás. Así como has aprendido eso, puedes aprender otros aspectos.

Caballero, si ella te pregunta con el deseo de apoyarte, dale la respuesta que está buscando. Porque un problema matrimonial realmente es el síntoma, es la luz roja del auto que te dice que algo anda mal y debes ponerle atención. Ambos cumplan su parte y todo irá mejor.

Tarea

1. En una relación debemos aceptar que nos complementamos.

Un equipo de fútbol no necesita once porteros al mismo tiempo, necesita que todos hagan su trabajo en la posición que les corresponde. ¿En qué áreas puedes reconocer que tu pareja es diferente, lo que no es necesariamente malo?

a. Anota algunas áreas en las que has criticado a tu pareja porque no piensa como tú.

b. Anota algunas áreas en las que debes empezar a dar las gracias a tu pareja porque es diferente a ti, por lo que te complementa y agrega mucho valor a la relación.

Cuando dejamos de criticar a la otra persona por ser diferente y empezamos a darle las gracias por traer su punto de vista, la relación empieza a transformarse, porque nos vemos como equipo, no como competencia.

c. Reflexiona sobre tu matrimonio. Una relación funciona cuando cada uno asume su papel al aceptar que nos complementamos.

Dios nos ha creado diferentes para que podamos complementar uno al otro. Toma el tiempo ahora para responder a la siguiente pregunta. Si necesitas más espacio, siéntete en libertad de escribir en otro papel.

Esposo, reflexiona en qué área necesitas mejorar. Comparte aquí tres formas en que has sido proveedor, cultivador y protector este último mes.

Proveedor   Cultivador   Protector

Esposa, reflexiona en qué áreas podrías mejorar. Comparte aquí tres formas en que has sido apoyo, multiplicadora y animadora este último mes.

Apoyo   Multiplicadora   Animadora

Ahora toma la iniciativa de compartir con tu cónyuge esas acciones que realizarás para mejorar en ciertas áreas. Este es un acto de sinceridad y amor que tu pareja valorará. A veces lo único que se necesita para mejorar tu matrimonio es tener la iniciativa y dar ese paso.

Sugiere a tu pareja que lea este capítulo, que haga su lista y responda a las preguntas. Cuando ambos se sientan listos para escucharse y dialogar al respecto, compartan sus resultados y acuerden acciones específicas. Concéntrense en un área a la vez.

2. En un buen matrimonio los dos deben salir ganando.

a. Anota las áreas de tu matrimonio en las que sientes que siempre pierdes o debes sacrificar algo porque no tienes voz ni voto. Por ejemplo, las finanzas.

b. Con un espíritu de armonía y amor, comparte con tu cónyuge lo que sientes respecto a dicha área y lleguen a un acuerdo para que ambos sientan que se les escucha y su relación gane.

c. El peor enemigo del matrimonio es el orgullo y el mejor amigo es la humildad. El orgullo nos mueve a pensar que no tenemos ninguna responsabilidad por los conflictos y que nadie puede enseñarnos o hacernos notar algo que podemos mejorar. Anota alguna área en la que puedes mejorar porque has descubierto que es importante para tu pareja.

d. Esposo, busca el tiempo y lugar para preguntarle a tu esposa qué cosas debes hacer para que ella sienta que está ganando en su relación.

e. Esposa, busca el tiempo y lugar para preguntarle a tu esposo qué cosas debes hacer para que él sienta que esta ganando en su relación.

3. Cuidado con la kriptonita.

¿Sabes cuál es la kriptonita de tu pareja, aquello que le afecta y debilita particularmente? Suele ser algo que se origina en alguna situación de su crianza, de su infancia y juventud. Solo porque algo no te molesta no significa que no le molesta en gran manera a tu pareja.

Les compartí las áreas en las que mi esposa y yo somos particularmente sensibles. Ahora, descríbele a tu pareja el área o las áreas en las que tú eres especialmente sensible respecto a cómo te trata o te habla.

¡Van por el camino correcto para disfrutar de su amor plenamente!

Capítulo 3

COMUNICACIÓN

¡Estábamos felices planificando nuestras vacaciones! Serían más o menos ocho días alejados de todo, disfrutando de nuestro tiempo juntos, en familia. Esa noche veíamos en qué hoteles nos quedaríamos para hacer las reservaciones, qué lugares serían interesantes para los niños y los itinerarios para cada día.

—Freddy, ¿qué te parece si los últimos tres días vamos a ese parque nacional que los niños siempre han querido visitar?

—Mmm…, no creo que sea buena idea, Ellie. Es época de mucho calor y será agotador para ellos.

—Vamos, sé que para ellos será divertido.

—Además, ya estaré muy cansado de manejar durante los cinco días anteriores.

—Si te parece, yo me encargo de organizar todo para esos tres días.

—Muy bien, me parece. Yo me hago cargo de los primeros cinco días y durante los siguientes tres días tú coordinas todo.

Al parecer, esta conversación fue una forma muy civilizada de ponernos de acuerdo. Sin embargo, si lo analizamos bien, Ellie y yo cometimos el error de dividirnos la responsabilidad durante diferentes días; no logramos coordinarnos como un equipo, lo que nos provocó un momento complicado cuando ya estábamos de vacaciones. Justo al terminar los cinco días que acordamos serían mi responsabilidad, Ellie recibió una mala noticia y no se encontraba en la mejor disposición de asumir el control de nuestro itinerario. En ese momento, cometí lo que llamo "una de mis burradas", ya que no la apoyé sino que encontré la oportunidad para demostrarle que yo tenía la razón. Cuando ella me pidió ayuda, mis palabras fueron ásperas.

—Ese es tu asunto, tú lo planificaste, yo te dije que no era buena idea.

—¿Sabes qué? ¡Eres un grosero!— respondió molesta.

Frente a su reacción, decidí salir de la habitación, pero no había caminado ni diez pasos cuando me di cuenta de que sí había sido grosero. Somos un equipo y si ella tenía dificultades, yo debía apoyarla. No se trataba de dividir los días entre mis planes y los de ella, se trataba de los planes de nuestra familia, así que regresé y le pedí perdón, además de ofrecerle mi apoyo para que las vacaciones terminaran tan bien como lo habíamos planeado.

En esa situación, cometí dos clarísimos errores en la comunicación con mi esposa. El primer error fue que no logré que nos pusiéramos de acuerdo como parte de un equipo. El segundo error fue hablarle con aspereza, no con amor. Lo bueno fue que logré reaccionar a tiempo, antes de que todo terminara en desastre.

LA RELACIÓN ENTRE USTEDES SERÁ TAN FUERTE COMO SU CAPACIDAD DE COMUNICARSE

No importa cuántos años de matrimonio has compartido con tu pareja, la relación entre ustedes será tan fuerte como su capacidad de comunicarse, ya que sin comunicación se rompe ese vínculo o puente que los une. Ahora analicemos cinco elementos que he descubierto como indispensables en una buena comunicación.

El primer elemento es el tono con el que hablamos. Muchas veces lo que bloquea no es lo que decimos sino cómo lo decimos. Si no tenemos cuidado, en una conversación podemos poner barreras por el tono y la actitud con la que hablamos. He aprendido a ser intencional en buscar una postura relajada, receptiva, no tensa o a la defensiva porque nuestra comunicación incluye palabras y también gestos, miradas, además de la intensidad del volumen de la voz. En una conversación todo comunica. Muchas veces yo digo que el tono es todo, ya que incluso puede comunicar más que las palabras. En el matrimonio, debemos decir todo en amor, sin alzar la voz, sin ironías o sarcasmos, porque podemos ser ásperos con lo que decimos y cómo lo decimos. El tono con el que hablamos le dice a la persona si nos importa lo que piensa y expresa. Además, puede mostrar empatía y comprensión, seguridad y respeto. Recordemos que las mujeres necesitan seguridad, los hombres necesitamos respeto y debemos comunicarlo.

El segundo elemento importantísimo en la comunicación es tiempo. Debemos darnos tiempo para conversar, no solamente hablar cuando hay algo malo que discutir o corregir. Lo mejor es apartar suficiente tiempo para compartir y hablar. Tu matrimonio se beneficiará muchísimo si reservan días al año para una comunicación proactiva, no reactiva frente a los eventos. Una comunicación proactiva significa tener tiempo juntos, por lo menos una hora diaria tranquilos, para visualizar y planear cómo enfrentar lo que venga.

En casa tenemos una rutina: yo ayudo a levantar y preparar a los niños mientras Ellie prepara el desayuno y las meriendas de todos. A las 7:30 am, antes de salir de casa, nos reunimos para orar. Esta rutina no la improvisamos un día que se nos ocurrió; Ellie y yo la planificamos, nos organizamos y comunicamos para establecerla como el mejor plan para salir de casa todas las mañanas. Fue uno de los temas que tratamos durante ese tiempo que nos damos para conversar al final del día. Luego de que los niños están acostados, mi esposa y yo hablamos sobre lo que nos sucedió en la jornada, planificamos, tomamos decisiones, nos escuchamos con amor.

Otra rutina muy saludable que te aconsejo es dejar los teléfonos en algún lugar para sentarse a la mesa a comer. Mi esposa estableció esa costumbre en casa, una costumbre genial para dedicarnos atención en familia. Es muy sabio hacerlo porque debemos tener un tiempo para reconectarnos en casa. Se dice que vivimos en la era de mejor conexión gracias a la tecnología, pero también es la época en la que más personas se sienten solas porque la comunicación personal ha perdido espacio frente a la comunicación masiva. En el matrimonio, la comunicación íntima es vital, incluso abre la puerta a la intimidad física al establecer una conexión donde ambos se sienten atendidos, escuchados y amados.

Un día, yo iba muy cansado a casa, dispuesto a tirarme en el sofá, pero Dios me dijo: "Freddy, tus primeros discípulos son tu esposa y tus hijos, ¿por qué les darás las sobras de tu energía y tiempo?". Eso sucede. Muchas veces le damos las sobras a nuestra familia cuando debemos apartarles tiempo especial y de calidad para comunicarnos con ellos de la forma correcta.

El tercer elemento de una buena comunicación es la confianza. Debemos ganarnos la confianza de nuestro cónyuge para que pueda abrirnos las puertas de su corazón y sea posible compartir una relación plena. Alguna vez escuché que la confianza se gana gota a gota, todos los días, pero se pierde como si abriéramos el grifo y saliera un chorro de agua. Es decir, que es más fácil perderla que ganarla. Por eso hay que cuidarla, porque si la perdemos, toma tiempo recuperarla y, sin confianza, es imposible una comunicación efectiva.

El cuarto elemento es hablar en verdad y en amor. La comunicación requiere veracidad. La mentira nunca podrá ser el fundamento para una buena relación. Me ha sucedido que algunas parejas piden consejería, pero uno de los dos no es completamente sincero. A veces no mienten, solo dicen verdades a medias y, cuando toda la verdad sale a luz, el otro cónyuge se siente traicionado. Es como si se abriera de nuevo una herida que ya estaba sanando. Así que mi consejo es hablar con la verdad para evitar esas decepciones.

Además, debemos hablar en amor. Por supuesto que no es fácil cuando estamos heridos, pero es necesario lograrlo para romper la cadena de dolor. Muchas veces asumimos y condenamos al afirmar o suponer: "Sé que te estás desquitando conmigo, sé que te estás cobrando algo que hice…". Si te detienes a pensarlo, verás que en esa frase hay una acusación porque afirma algo que no es posible asegurar. Lo mismo sucede cuando hablamos con frustración: "Tú siempre haces esto… nunca haces aquello…" Cuando hablamos así solo generamos frustración en la otra persona que comienza a defenderse y la comunicación se pierde. Por eso te pido que siempre procures hablar en amor, pensando muy bien lo que vas a decir para comunicarte con gentileza. Yo aconsejo que ambos reflexionen y se pregunten: "¿Mi cónyuge se levantaría esta mañana con el objetivo de herirme? ¡Claro que no!". Muchas veces asumimos una actitud defensiva porque hemos armado en nuestra mente un escenario que realmente no existe. Lo mejor es proponernos iniciar la conversación con tres minutos de plática amorosa, respetuosa, para luego entrar a los temas delicados. Si lo hacemos así, nuestro ánimo estará mejor dispuesto, te lo aseguro. Inténtalo. Incluso para tratar cuestiones que los tienen muy molestos, comiencen la conversación con tres minutos de buena plática y verán que es más fácil lograr acuerdos.

El quinto elemento de la buena comunicación es el espíritu de equipo. Esposos y esposas tenemos distintas formas de pensar porque Dios nos diseñó diferentes. Respetemos y agradezcamos que no somos iguales porque esa es la base del trabajo en equipo. Si fuéramos iguales no podríamos complementarnos. La compatibilidad no se basa en la igualdad, sino en el carácter, fe y valores compartidos. Yo batallé durante mucho tiempo con eso porque quería que Ellie viera las cosas como yo las veo, lo que no solo era injusto, sino que también era imposible porque su mente y emociones son diferentes. ¡Eso es bueno ya que nos convierte en un equipo que puede apoyarse! La comunicación en equipo es la mejor. Ahora no nos criticamos ni hacemos notorias las debilidades del otro, al contrario, celebramos que somos diferentes y aprovechamos nuestras fortalezas para ayudarnos. Mi esposa tiene ideas que yo jamás hubiera tenido, por eso me encanta escucharla y agradezco su valioso punto de vista.

Toma nota de estos cinco aspectos para lograr una comunicación exitosa:

1. Cuiden el tono y manera al expresar su punto de vista, emociones y sentimientos.
2. Establezcan tiempo especial para hablar.
3. Cultiven una atmósfera de confianza.
4. Sazonen la verdad con amor y gracia.
5. Acepten sus diferencias como un equipo cuyo propósito es entenderse y unirse, no dividirse.

Sensibilidad y empatía ante todo

En la relación de pareja, hay dos extremos dañinos. En realidad, llevar algo al extremo siempre es malo, por eso es tan importante buscar balance en todo. En el matrimonio, es extremadamente negativo hablar de más como hablar de menos. Es decir, debemos tener cuidado con lo que decimos y lo que no decimos porque las palabras y los silencios son armas poderosas.

Veamos a qué me refiero. Todo se resuelve hablando, pero se trata de hablar con ganas de resolver, dispuestos a escuchar más que abrir el chorro de las quejas. Muchas veces, pensamos que es mejor callar para evitar discusiones, pero esa actitud jamás será la respuesta. Al contrario, evadir la comunicación envía un mensaje de indiferencia que empeora la situación.

Por lo tanto, lo mejor es hablar, pero con intención de resolver, no para desahogarnos diciéndole al otro sus verdades. A veces, cuando la esposa quiere hablar, el esposo no tiene respuestas, entonces se vale que le diga: "Dame un momento porque ahora no estoy listo". Pero hay que establecer el momento para retomar la conversación, no simplemente evitar lo inevitable.

LO MEJOR ES HABLAR, PERO CON INTENCIÓN DE RESOLVER, NO PARA DESAHOGARNOS DICIÉNDOLE AL OTRO SUS VERDADES

Si dejamos pendiente la situación, se envía un mensaje de indiferencia. Cierta vez, cuando nos mudamos de casa, Ellie me había pedido comprar nuevos muebles para nuestra habitación. Yo le dije que por supuesto. El problema fue que faltó claridad en la comunicación y, cuando me llegó el estado de cuenta de la tarjeta de crédito, casi me voy de espaldas.

—¡Cielos… gastaste más de lo que yo imaginaba!

—*You have it, so I spent it* (tú lo tienes, yo lo gasté) —me respondió.

—Pero, mujer, debemos tener un poco más de disciplina —le dije indignado.

A mí no me gustó la respuesta de ella y empecé a portarme frío. Comencé a evadirla, a ignorarla, pero después reflexioné, y es lo que todos necesitamos hacer. Me tranquilicé y examiné la situación. ¿Le di permiso de comprar muebles? Sí. ¿Los dos fuimos claros en el presupuesto? No. Simplemente faltó claridad en la comunicación. Yo la busqué y se lo dije justo cuando ella me decía que iba a regresar los muebles.

Lo que pudo resolverse de forma sencilla se convirtió en una incomodidad de varios días por no aclarar las cosas. En situaciones así, todo se complica porque las aclaraciones suenan a reproche:

"¡Me los estás echando en cara! ¡Siempre me haces esto! ¿Sabes qué? ¡Mejor duermo en el suelo!". ¡Mi casa parecía escenario de telenovela! Hasta que le dije: "Está bien, cómprate más muebles si quieres, no es para tanto". Cuando analizo lo que sucedió, me doy cuenta de que yo soy menos emocional que Ellie, pero busco alejarme para pensar y regresar con una buena respuesta. Eso puede verse como falta de interés. Por eso te aconsejo que, si pides tiempo, sé específico en cuánto necesitas y en qué momento se retomará el asunto para resolverlo.

De lo contrario, le estás echando leña al fuego del pleito, y ya con los ánimos encendidos, ¡sálvese quien pueda! Nadie puede herir a tu cónyuge como tú, porque lo conoces como ninguno. Sabes cómo picarle donde le duele. Puede ser que herir te haga sentir bien por dos o tres segundos, pero después de estar molestos por una semana, verás que no vale la pena ganar la batalla, sino que es mejor ganar la relación. Muchas veces, cuando se trata de comunicación, evadimos y no hablamos claramente con la otra persona, pero debemos tomar en cuenta que el conflicto en el matrimonio no es la presencia o ausencia de desacuerdos, sino la falta de amor para enfrentarlos y resolverlos. Por lo tanto, busquemos la forma de ponernos de acuerdo.

Una válvula de escape

En ese sentido, las palabras son nuestra mejor herramienta porque tienen enorme poder y es bastante común que las utilicemos mal. Pareciera que es más fácil gritarnos, herirnos y ser groseros, ¿verdad? Lo peor es que lastimamos, nos lastiman y no sabemos perdonar de corazón. De ahí que algunas esposas y esposos se vuelven expertos en historia porque saben exactamente la fecha y hora en la que se han ofendido.

Dejemos de escoger entre dos opciones negativas: comunicar mal o no comunicar, porque los gritos o el silencio no favorecen la conexión entre ambos. Yo he descubierto que no vale la pena enojarme con mi esposa. Si estamos molestos, yo no estoy bien. No puedo funcionar si no estoy bien con mi Ellie, así que hemos definido darnos un día a la semana para tener una cita. Nos relajamos, nos damos un tiempo a solas, vamos a un lugar agradable y pasamos tiempo juntos. Ese tiempo que nos dedicamos se ha convertido en una zona de seguridad que nos permite disfrutar de nuestra intimidad. Luego, podemos tomar mejores decisiones.

¿Conoces esas que llaman ollas de presión que se cierran bien y por una válvula se va liberando el vapor? ¡Si no se manejan bien, esas ollas explotan! Cuando no comunicamos, nos convertimos en una olla de presión que puede explotar en cualquier momento, y así podemos lastimar a los demás. Entonces, quien recibe la explosión se siente víctima, aunque realmente ambos tienen parte de responsabilidad porque manejan un patrón negativo de comunicación.

Si Ellie me reclama de mala manera, yo me molesto, pero si ella me dice: "Mi amor, eres un buen esposo y proveedor, te agradezco, solo quisiera pedirte un favor: me gustaría que pasaras más tiempo con los niños porque ellos están en una etapa en la que necesitan a su padre. Tú eres un padre fenomenal, los niños te aman, te respetan y desean pasar tiempo contigo". ¿Cómo crees que responderé? ¡Le diré que con todo gusto me ocupo de eso!

¿Cuál es la zona de seguridad donde pueden hablar tranquilamente? ¿Cuándo tienen agendado disfrutar de esa zona de seguridad? Si no la tienen, no hay válvula de escape, y sin eso, ¡hay explosión! Si el esposo llega tarde a casa, no ayuda y no es cariñoso, ¿qué sucederá? Que la esposa se sentirá rechazada. Entonces, cuando el esposo se acerque, ella no estará receptiva. Ahí comenzará el círculo negativo de la mala comunicación que terminará en desastre, porque el esposo también se sentirá rechazado. Ambos se alejarán, ninguno dirá lo que le molesta, y se arruina todo. Entonces, necesitarán un consejero para desenredar ese nudo porque ambos tendrán razones para estar molestos. Pero no hay que llegar hasta ese punto. Alguno de los dos, o los dos, deben dar un paso atrás y buscar comunicarse con amor.

A mí me criaron frente al televisor, pero a Ellie le molesta. Yo necesito ruido. Cuando mi mamá me dejaba con alguien que me cuidara, generalmente una vecina o una comadre, me sentaban frente al televisor y me decían: "Allí te entretienes". Yo necesito esa luz que parpadea, Ellie no. Una vez que regresó de un viaje corto de visitar a su papá, yo la extrañaba mucho. La recogí en el aeropuerto, llegamos a casa y la ayudé a acostar a los niños. Yo terminé antes que ella y me fui a nuestra habitación a esperarla. Me encontró sentado en la cama, viéndola caminar hacia mí. Yo no encendí el televisor, solo quería disfrutar tiempo con mi esposa; no quería algo más. Deseaba que platicáramos, verla, escucharla, que me contara cómo le había ido y contarle lo que yo había hecho durante ese tiempo. Anhelaba esa conexión con mi esposa. Hablamos más de una hora. Se me hizo corto el tiempo. Esa noche me acosté y descansé feliz de tenerla cerca, de sentir su respiración. Mi esposa y yo hemos creado una conexión que me complementa, pero ha sido un proceso, nos hemos esforzado, no fue espontáneo ni instantáneo. Hay que tomar la decisión de que así sea.

1. ¿Qué día podrían planificar su cita en esa zona de seguridad, donde puedan hablar sin tensión, con la confianza de que se escucharán y se atenderán con amor, paciencia y respeto?
2. Es necesario ese espacio sin gritos, sin reproches, solo con genuino deseo por alimentar su relación.
3. Ambos necesitan ese espacio donde cada uno pueda orar y pedir a Dios sabiduría para encontrar las palabras correctas

que comuniquen con amor lo que desean, lo que necesitan, lo que deben acordar juntos.

4. El esposo puede orar en el auto antes de entrar a su casa: "Dios, esta noche mi esposa y yo tenemos que hablar algo importante. Ya sabes que en el pasado hemos tenido problemas de comunicación. Pero, Padre, dame un corazón para aceptar lo que puedo cambiar. Quiero recibir bien lo que mi esposa va a compartir conmigo".

Sembrar la semilla correcta

De nosotros y del cuidado que brindemos depende el fruto que dará nuestro matrimonio. Siembra vida con palabras de afirmación: "Mi amor, cómo me ayudas. Mira, me encanta que hagas tiempo para hacer la tarea con los niños". Ya perdí la cuenta de las veces que Ellie me habla viendo mi potencial, no lo que realmente doy: "Freddy, me encanta lo que hiciste con los niños, ¡eres un excelente padre!". Yo sé que no lo soy, pero que ella me lo diga me anima para esforzarme más en ser el hombre del que ella habla.

Habla palabras de afirmación, toca un tema a la vez y con mucho respeto. Por una cosa negativa, di cinco positivas. Reflexiona, en la última semana o en el último mes, ¿qué porcentaje de tus palabras han sido dañinas, negativas o burlonas? ¿Qué porcentaje de tus palabras han sido de afirmación?

Una esposa debe levantar a su esposo con sus palabras. Si ve que él llega a la casa estresado, ¿qué será conveniente hacer? Pues ese día, la esposa guarda sus peticiones y mantiene la calma. Ya esa actitud negativa de él es un conflicto, así que no es inteligente agregar otro. No sé si te ha pasado que alguna vez necesitaste hablar con tu jefe para pedirle algo, pero cuando entraste a su oficina, viste que estaba estresado, malhumorado y tenso, entonces decidiste hablarle otro día. Lo mismo debes considerar en casa. Hay que ser sabios para encontrar el mejor momento.

También debemos bajar intensidad a nuestras reacciones. Cada uno es responsable de cómo reacciona porque saca lo que lleva dentro; no podemos decir: "¡Es tu culpa que yo me enoje! Yo estoy bien y tú vienes a fastidiarme, ¿qué quieres que haga?". A veces, incluso, culpamos a la otra persona cuando pedimos disculpas: "Bueno, perdona, pero tú me faltaste al respeto y yo no me iba a dejar". ¡No! Hazte 100% responsable de tus actos y contrólate antes de estallar. Por eso, insisto en que la única opción frente al matrimonio es tener un corazón humilde que busca el bien del cónyuge. Seamos lentos para hablar y prontos para escuchar[1].

Todos queremos empatía y sentir que se esfuerzan por entendernos. Dicen algunas estadísticas que un matrimonio promedio no habla bien ni cuatro minutos al día. En la pareja, ambos debemos ser confidentes y los mejores amigos. Especialmente el esposo debe hacer el esfuerzo por escuchar a su esposa. ¿De dónde salió la mujer? De la costilla más cercana del corazón del hombre. Entonces, ¿quién es la que protege el corazón del esposo? La esposa. Cuando mi esposa me comunica algo en amor y yo no le pongo atención, se apaga la llama en ella y dice: "¿Para qué comunicar?". Esas son las pequeñas grandes cosas que van lastimando la relación. Yo no tengo mejor consejera en esta vida que mi esposa, y lo mismo sucede en cada matrimonio.

El objetivo de la comunicación es que se resuelvan temas, se tomen decisiones enfocados en la sinceridad, el respeto y el amor, sin manipulación, sin agendas ocultas, con transparencia. Como decía mi mamá: "Los trapos sucios se lavan en casa", ustedes solos, sin hacer espectáculo frente a nadie, mucho menos frente a los

---

[1] Proverbios 18:13

hijos. Cuando mi suegro se nos acercó una noche y nos dio dinero para la boda, además de decirnos que se iba de la casa, Ellie me dijo: "Freddy, yo nunca supe que mis padres peleaban". Ellos tuvieron problemas por años, pero no peleaban frente a sus hijos. Por favor, una pareja no debe pelear frente a sus hijos porque los hieren profundamente. Ambos deben sembrar la semilla correcta en el corazón de su pareja y de sus hijos.

Más humildad, cero arrogancia

Hay muchas formas tóxicas de comunicar, pero las peores, las que destruyen matrimonios son las cargadas de crítica, culpa y falta de respeto. Es común que al decir algo que nos molesta, atacamos directamente a la persona, no la conducta que nos incomodó. Jamás ataques a tu pareja: "Tú no sirves para nada. Todos los hombres son iguales". O bien: "Mujer, eres necia, por eso no te aguanto".

Una actitud humilde es lo que se requiere para un matrimonio feliz. En la medida que le cortas las alas a tu arrogancia, eleva el vuelo ese amor que los unió. Conocí el caso de una pareja que ya estaba en un punto crítico, solo faltaba que el esposo firmara los papeles del divorcio, pero fue posible lograr que se tomaran el tiempo de reconocer con humildad sus fallas y se dieron otra oportunidad. Es increíble lo que una actitud humilde puede bendecir nuestro matrimonio.

Hay cosas que uno solamente puede aprender cuando ya está al borde del abismo. ¿Dónde se encuentran ustedes? Si ya te sientes a punto de rendirte, tómate un tiempo para analizar tu situación y, antes de culpar al otro, enumera tus fallas, aquello en lo que puedes mejorar, porque evidentemente no está funcionando lo que has hecho hasta ahora. Claro, toma a dos para que haya conflicto, pero tú solo puedes hacerte responsable de tus acciones, buenas y no tan buenas, a tu pareja no la puedes cambiar; allí es donde entra la humildad, porque cuesta reconocer nuestras limitaciones.

Cuando ya te hayas examinado, busca comunicarte, pero no con actitud de crítica, a la defensiva, con desprecio, sino con amor, con humildad y apertura al cambio, aplicando la fórmula de cinco a uno: cinco mensajes de afirmación, por una petición de reflexión sobre algo que puede mejorar. De lo contrario, el proceso no funcionará. ¿Acaso tus arranques de cólera han funcionado? ¿Tus justificaciones y necedad de culpar al otro han funcionado? Lo único que has logrado es enredarte en una lucha de poder. Te has empecinado en ganar y quedarte en tu posición, así que están ahí, cada uno en su trinchera.

Nada has logrado con envalentonarte y decir: "Ah, ¡pues ahora las cosas se hacen a mi manera porque en mi casa mando yo!". ¡No! La humildad, la gracia y el amor deben prevalecer.

Tarea

Resumamos:

1. La crítica negativa y acusadora es tóxica porque no se enfoca en el problema, sino que desprecia a la persona. Lo recomendable es ser gentiles, sin mandar y demandar. Lo enfatizo mucho porque sé que, frente a la desesperación por ser ignoradas, las mujeres sacan la artillería pesada y disparan: "¡Tú no eres hombre! Un hombre no actúa de esa manera". Dama, olvídate de lograr algo bueno con esa metralleta de insultos. ¡Ningún hombre quiere escuchar eso! Cuando dices cosas así, no esperes una buena reacción, como él no puede esperar buena reacción si te insulta y lastima.

   La crítica no es bienvenida, pero sí la queja. ¿Cuál es la diferencia? Veamos un ejemplo de crítica que se enfoca en la persona y la acorrala de forma que buscará defenderse: "Nunca haces nada bien, no te necesito". Ahora veamos un ejemplo de queja que habla sobre el problema, no sobre la persona: "Mi amor, tal vez soy yo, pero el otro día me hiciste sentir mal con lo que me dijiste. Sé que no lo hiciste a propósito, pero quiero comunicarte mis sentimientos".

2. La actitud correcta es asumir nuestra responsabilidad con humildad, sin ponernos a la defensiva, porque no se trata de atacar sino de hablar para resolver. Escuchemos con sincero interés las necesidades de nuestra pareja para buscar soluciones.

3. El maltrato y la falta de respeto deben desaparecer completamente. El abuso verbal, emocional o psicológico merece cero tolerancia. En un matrimonio deben acabarse por completo los insultos, las burlas, el humor cínico y sarcástico. Sin respeto no hay posibilidad de sanidad.

4. El bloqueo emocional solo se convierte en una pared que divide. Ya sea por no estar consciente de lo que realmente sucede o por querer evitar el conflicto, hay personas que simplemente se bloquean, lo que frustra mucho más a la pareja. Si huyes, el problema seguirá ahí cuando vuelvas, y será más grande aún. Esposo, que tu comunicación no verbal no sea tóxica; si evades a tu esposa, tarde o temprano tendrás que enfrentarla para responder sus preguntas: ¿Qué vamos a hacer? ¿Cuándo vamos a hablar? ¿A qué hora vamos a solucionar?

    Ella no se quedará tranquila hasta que obtenga respuestas. Si intentó llamar tu atención con una metralleta que disparaba palabras incómodas y no logró su objetivo, poco a poco, sacará armas más pesadas, una AK47, un misil, lo que considera necesario para que le respondas, así que evita que llegue a extremos que solo huelen a tragedia.

5. Ambos busquen una zona de seguridad, ese día y hora cuando han decidido dedicarse tiempo para hablar sin tensión, con la confianza de que se escucharán y se atenderán con amor, paciencia y respeto. Antes de la reunión, oren ambos pidiendo un corazón humilde y gracia delante de su cónyuge. Si el esposo le dice a su esposa: "Mi amor, vamos a hablar de nuestras finanzas, mira, quiero hacer unos

ajustes, ¿estás de acuerdo? ¿Qué opinas?", seguramente encontrará mejor respuesta que gritarle. Lo mismo aplica para la esposa.

6. Preparen y cuiden el terreno del corazón de su cónyuge como si fuera la mejor tierra para sembrar. Ambos siembren palabras de vida. Si el esposo no está listo debe pedir tiempo, que diga: "Mi amor, dame dos días y platicamos. Solo necesito tiempo para orar y ordenar mis ideas".

   También recomiendo buscar buenos consejeros que aprecien y deseen lo mejor para la familia. Deja de hablar con gente que está en la misma situación que tú porque también está lastimada y no puede darte un buen consejo. Si estoy en un pozo y otro amigo está en el pozo conmigo, no puede alcanzarme una cuerda para que yo salga. Ambos necesitamos ayuda. Debemos aprender de otras personas que han logrado lo que nosotros queremos lograr: ¡buena comunicación!

Cinco pasos para ti, mujer:

1. Lleva tu corazón a Dios. Si no lo haces, verás a tu esposo como tu enemigo, no como tu amigo.
2. Habla con amor, gracia y respeto.
3. Dale la vuelta a tu idea hasta que puedas decirla en forma positiva, no como reclamo.
4. Resiste la tentación de decir algo dos veces.
5. Ora para que Dios obre en el corazón de tu esposo.

Cinco pasos para ti, varón:

1. Escucha con ternura.
2. No des una respuesta inmediata, sin pensar o reflexionar.
3. Abraza a tu esposa, ora con ella.
4. Determina un tiempo apropiado, apártate una hora, media hora, con Dios.
5. Regresa a conversar con tu esposa para darle una respuesta.

Capítulo 4

AMOR Y RESPETO

Ellie nunca deja de sorprenderme con su infinita capacidad de amar. Hace unos años, conoció por Facebook a un hermano, hijo solo de su papá. Se llama Matt y descubrió que vivía en Michigan, USA. Ella quería iniciar una relación con su hermano, acercarse a él, que se conocieran y comenzaran a fortalecer lazos. Su interés, además de integrar a la familia, era ayudar a mi suegro. Él se sentía culpable porque en esos procesos de divorciarse un par de veces, había abandonado hijos al tiempo que abandonaba esposas. Así que Ellie quería apoyarlo cuando él se dio cuenta de su error y sintió la necesidad de enmendarse. Ahí la veías indagando y explorando como la mejor detective hasta que sus esfuerzos rindieron frutos. "¡Lo encontré, Freddy! ¡Encontré a mi hermano!", me decía entusiasmada.

Luego de un tiempo de escribirse, conversar por videollamada y conocer un poco de cada uno, finalmente decidieron encontrarse personalmente. Ella estaba muy contenta y, a la vez, nerviosa. Fueron ultimando detalles y acordaron verse en un restaurante. Conforme la fecha se acercaba, la notaba más ansiosa, pero no le comentaba nada, ya que ella tampoco hacía comentarios y yo sabía la razón. Era consecuencia de algo que yo mismo había provocado.

De cierta forma, yo quería que me involucrara porque sabía lo importante que ese proceso y el acontecimiento eran para su corazón, pero algo en mí me hacía tomar distancia porque muchas veces le había dicho que eso de las reuniones familiares no era lo mío. Estaba en una encrucijada que yo había motivado. Con mi actitud egoísta, puse a Ellie en una situación incómoda. Yo sabía que ella quería pedirme que la acompañara, pero se contenía por no importunarme; para mi Ellie era como liberarme de un problema, era ahorrarme el momento de decirle: "Ve tú, yo tengo otras preocupaciones". ¿Puedes imaginarlo? La verdad, me avergüenzo solo de contártelo, pero así fue.

Como mi esposa es tan inteligente y sujeta, fue adaptándose a mí, y con el tiempo se acostumbró a mi huraña forma de ser. Si podía, me evitaba la incomodidad de decirle que no la acompañaría y hacerla sentir rechazada. En pocas palabras, también evitaba que luego le cobrara el favor. ¿Alguna vez has actuado de esa forma manipuladora y egoísta? Pues para no hacerte muy largo el cuento, cuando la fecha del encuentro estaba a un par de días de distancia, yo no pude más. A mí también me devoraba la expectativa, así que comencé esta conversación:

—Ellie, ¿vas a ir a conocer a tu hermano?

—Sí, el sábado. Es el único día que él puede.

—Oh, ¡qué bien! Y ¿cómo te sientes?

—Para serte sincera, estoy nerviosa, pero he orado y sé que todo estará bien.

—Y ¿cómo a qué hora será?

—Mmmm , ¿por qué? ¿Necesitas que te ayude en algo?

—No, no, no… solo curiosidad…

—Pues aún estamos por confirmar la hora. Ya todo lo tengo arreglado, la casa, los niños, pero si necesitan algo, dime

—Pues, pensaba si tal vez quisieras que te acompañe.

—¡Claro, me encantaría! No te había dicho nada porque sé que ese día tu mente ya está concentrada en el mensaje que compartirás el domingo y no quería molestarte.

Entendí su explicación porque ya había sucedido que le tocaba ir sola a algún evento por esa razón. Pero en ese tiempo, Dios ya estaba hablando conmigo acerca de mi egoísmo y le respondí:

—No, no, yo quiero ir contigo.

—¡Freddy, gracias! ¡Me alegra mucho!—, dijo abrazándome.

Yo sabía que ella me necesitaba y quería apoyarla, hacerla sentir segura. Ese sábado, nos preparamos, manejamos hasta el restaurante y luego de apagar el motor del auto, nos quedamos en silencio unos segundos. Ellie respiró profundo, mientras yo la tomaba de la mano.

—Estoy nerviosa, Freddy, emocionada, pero nerviosa. ¿Qué pasa si no le agrado?

—Todo estará bien. No sé de alguien en el mundo que te conozca y no le agrades— le aseguré besando su mano y ella sonrió.

—Tú sabes que yo no soy tan buena para hablar. ¿Podrías iniciar tú la conversación?

—*Yeah*. Sí, Ellie, por supuesto, a mí me cuesta, pero un poquito menos que a ti. Neee, mentira, si no me callan, no paro de hablar. *I'm a good talker…* Si quieres, hasta hacemos un video en vivo para Facebook. ¿No? No claro, es una broma.

¡Fue una hermosa reunión! Cuando salimos y nos subimos al auto, mi Ellie empezó a llorar. Me tomó de la mano y me dijo: "Gracias por acompañarme. Me diste mucha seguridad". ¡Ufff! ¡Me hizo sentir más que Supermán! Esa tarde, yo respaldé a mi esposa, cumplí con mi propósito como esposo y suplí sus principales necesidades: sentirse amada y respaldada con mi servicio.

Todos tenemos necesidades

¿Podrías enumerar lo que necesitas y te hace falta para sentirte plenamente amado por tu pareja? Haz el ejercicio de anotar esas tres necesidades básicas acá al margen del libro. ¿Qué tal te fue con eso? ¿Fácil o difícil? Generalmente es fácil porque tenemos muy bien identificado lo que deseamos y nos hace falta. Ahora bien, ¿podrías anotar lo que necesita tu pareja y le hace sentirse plenamente amada? ¡Ahhh!, quizá ese ejercicio no sea tan sencillo y tengas que pensar un poco más porque te obliga a reflexionar en esas cosas que no recibe de ti y es como un "ouch", una cachetada que te hace abrir los ojos a una realidad: no solo tú enfrentas insatisfacción y frustración en tu matrimonio.

¿Lo habías notado? Si no, este es el momento de abrir tu mente y corazón para comprender que todos tenemos necesidades, y también tenemos expectativas sobre lo que recibiremos de la otra persona. Muchas veces, cuando le pregunto a las parejas de novios qué esperan de su vida como marido y mujer, me responden con generalidades: "Queremos ser felices juntos". ¡Noooo! Hay que ser específicos porque si tu pareja no sabe a qué te refieres con eso de "ser feliz", ¿cómo podrá ayudarte a lograrlo? Además, es un error casarse esperando que la otra persona te haga feliz. Tú ya debes ser feliz, debes saber lo que quieres y lo que puedes ofrecer, ya debes tener la seguridad de que la persona que escogiste como complemento está en esa sintonía. De lo contrario, te casas con problemas anunciados. Así de sencillo.

ES UN ERROR CASARSE ESPERANDO QUE LA OTRA PERSONA TE HAGA FELIZ

Tu expectativa debe ser alcanzar la plenitud juntos y satisfacer las necesidades de la otra persona. Con esto regresamos al principio de dar para recibir. La llave para recibir es dar, no hay otra fórmula, no hay atajos ni soluciones mágicas. Exigir lo que pensamos que merecemos es inútil cuando no hemos comprendido que el matrimonio se trata de entrega total. La verdad es que, con esa idea bien clara, podríamos terminar acá el libro, porque no quiero sonar a disco rayado. Pero intentaré planteártelo desde diferentes enfoques de la vida diaria para que le encuentres la aplicación práctica. Entonces, ya hablamos de la esencia del matrimonio y el papel que el esposo y la esposa asumen al casarse, de acuerdo con el plan perfecto de Dios. Al hablar de esas características y de cómo nos complementamos, inevitablemente caemos en el tema de las necesidades de ambos, porque si somos complemento, significa que el otro tiene algo que a mí me falta y que necesito que me dé. ¿Me explico?

Así que ya le di algunos pincelazos a este retrato de tu matrimonio; ahora vamos a pasarle una segunda y tercera capa de barniz, enfocándonos específicamente en lo que el hombre y la mujer necesitan y esperan recibir de su pareja. ¿Ya te abrochaste el cinturón? Bueno, aquí vamos…

Lo que una mujer necesita

Cuando Ellie y yo íbamos de regreso a casa, luego de la reunión con su hermano, te decía que yo me sentía como un superhéroe, su superhéroe. Con enorme placer, había cumplido mi papel como esposo: la había amado, atendido, cuidado, respaldado y servido como ella lo necesitaba. Esa noche nos vimos a los ojos y nos sentimos muy realizados como pareja. A la vez, me di cuenta que me estaba perdiendo de una versión de Ellie de la cual yo mismo me estaba privando. De esa forma confirmé el plan perfecto de Dios respecto al matrimonio: Ellie me respetó y me honró con su conducta discreta, yo la escuché, ella me dio espacio y yo le demostré que la amaba con mi atención y servicio. ¡Ahí está la secuencia de la felicidad matrimonial!

¿Los esposos sabrán por qué su esposa a veces les pide ayuda con los niños? ¡Porque ya no puede más! El esposo es el fuerte de la familia. Ella necesita respaldo, ayuda, necesita que le digan: "Ok, mujer, aquí estoy yo, todo estará bien".

¿Sabe el esposo por qué, a veces, encuentra llorando a su esposa? Porque se siente débil, insegura, sobrepasada con lo que tiene que hacer. Peor aún si busca a su compañero y lo que recibe es un regaño: "Eres una tonta... Eso no es nada... ¿Por qué exageras?". En esos momentos, el esposo debe tener sus brazos abiertos y decirle: "Vente pa'cá, mami, yo te cuido, a ver, en qué necesitas que te ayude". Una esposa necesita escuchar las palabras del hombre que ama. Para ella es valioso que él le hable, ella quiere escucharlo.

No puedo decir cuántas veces en nuestra cultura latina he escuchado historias de horror de mujeres que se entregaron a un hombre que "les endulzó el oído" con un poquito de cariño. Sucede que una mujer así creció en un hogar abusivo o de padres ausentes que reforzaron ese anhelo natural de ser amada con palabras de cariño y afirmación. Luego, ese hombre que la enamoró se convirtió en un borracho, drogadicto o mujeriego que comenzó a tratarla de la misma forma abusiva que sufrió en su hogar, y se repite la historia. ¿Por qué ese patrón sigue y sigue? Porque la mujer tenía un vacío en su corazón, una gran necesidad de sentirse segura.

Una mujer anhela seguridad y respaldo. Incluso las autosuficientes y fuertes, aquellas que han superado obstáculos y han logrado sus metas tienen esa necesidad de sentir que un hombre las cuida y protege, y se los dice: "Te amo, yo te protejo". ¿Por qué? Porque así es el diseño de Dios. La mujer es parte del hombre. Es como si el hombre debiera atraerla hacia su torso, de donde ella salió. Por eso, cuando la esposa tiene un problema, es como si una parte del esposo le doliera o lo estuviera llamando. Ella necesita volver a ese lugar seguro al que pertenece, donde se siente completa y protegida. Me avergüenza reconocerlo, pero yo no me daba cuenta cuando trataba mal a mi Ellie. Una mañana, ella me hizo una pregunta a la que años antes, le hubiera respondido con un rotundo "no".

—Freddy, mañana es el cumpleaños del esposo de mi mamá y ella quiere que vayamos a cenar. ¿Vamos?

—Claro, mi amor. Vamos, será un gusto saludar a tu mamá y a su esposo.

—¡Gracias! Sé que no eres de reuniones, por eso, aprecio mucho tu esfuerzo por complacerme.

¿Tú sabes lo que yo le hubiera dicho antes? "Ve tú. No es mi familia. Si quieres hasta me quedo con los niños. Pero yo no quiero ir porque no es importante para mí". ¿Puedes creerlo? ¡Yo no podía ver mi propio egoísmo! Muchos cometemos el error de querer los beneficios del matrimonio sin la responsabilidad que acompaña ser una persona comprometida para amar, valorar y servir a su pareja.

Entonces, podríamos resumir las necesidades básicas de la mujer:

- amor
- comunicación
- seguridad
- servicio

Servicio que abre puertas

Sé que ya expuse un poco sobre este tema, pero es tan extenso e importante que es el momento de abordarlo profundamente. Suelo preguntar a los esposos: "Cuando te casaste, ¿buscabas una esposa y compañera o una sirvienta?". Es muy común que los esposos se laven las manos de las responsabilidades del hogar porque "eso le toca a ella". Enfáticamente te digo que no es así. ¿Qué hace un hombre cuando desea una promoción en su trabajo? Se esfuerzas más, da más de lo que supuestamente le corresponde. ¿Por qué no puede hacer eso en su hogar? Su esposa e hijos son parte de él, son lo más importante.

Cuando un hombre es egoísta y desobedece lo que Dios dice, la mujer huye, pero cuando él es servicial, se convierte en un imán para su esposa. No lo digo solamente por experiencia. Un estudio formal de la Universidad de Pittsburg lo reveló. Cuando preguntaron a las mujeres: "¿Qué la atrae sexualmente?", la respuesta fue: "Que él me ayuda en la casa". Por favor, por favor, ahora lo vemos como humillación, pero Dios te dice que, al servir a tu esposa, ella se entregará a ti como nunca, porque la intimidad para ella viene del corazón. Las mujeres son como una ollita de barro que toma tiempo para calentarse; nosotros somos como el microondas, y en segundos estamos listos para la acción. Así que tómalo en cuenta. No hay nada más atractivo para una mujer que un hombre que se sacrifica por ella. Por supuesto, el tema es complejo, pero comparto contigo este dato que suma a todo el panorama.

CUANDO PREGUNTARON A LAS MUJERES: "¿QUÉ LA ATRAE SEXUALMENTE?" LA RESPUESTA FUE: "QUE ÉL ME AYUDA EN LA CASA"

Cuando una mujer obedece lo que Dios pide, es como un imán para su esposo. Pero tenemos muchas barreras provocadas por el dolor y el resentimiento. Esas barreras se eliminan a través de la obediencia a Dios. Respétalo y luego ve delante de tu Padre: "Señor, dame a mí el honor y el respeto que él merece. Me someto, me cuesta, estoy batallando por no decirle palabras que lo ofendan, dame fortaleza, te obedeceré y creeré que tú harás lo que yo no he podido".

Ellie y yo tenemos cinco hijos. Así como lo lees: cinco. Yo le bromeo que me casé con una norteamericana pensando que eran más tranquilas y ella me resultó "intensa" con eso de tener hijos. Ya en serio, la cuestión es que administrar nuestro hogar es todo un desafío para ambos. Esos niños son mis hijos, así que no es responsabilidad solo de ella criarlos y cuidarlos. ¿Me explico? Como esposo y padre, no me cuesta adivinar la razón del agotamiento de mi esposa cuando llego a casa. Ella no solo atiende a cinco niños; también administra un hogar, respalda a un esposo y atiende un ministerio. ¡Su trabajo nunca termina dentro y fuera de casa! ¿Te doy una noticia? Como mi Ellie, hay millones de mujeres esforzadas que jamás descansan. Una mujer se levanta todos los días con una pregunta en su cabeza: "¿Seré capaz de completar todo lo que tengo que hacer hoy?".

En algunos hogares, ellas se levantan temprano bañan a los niños, preparan la comida, se arreglan, dejan a los hijos en la escuela, se van al trabajo, apenas comen algo, corren a la casa por la tarde, cocinan, recogen a los niños, les ayudan con la tarea, lavan la ropa y los platos... Cuando llega el esposo también toca atenderlo en todo sentido. Y lo mismo un día tras otro. ¡Solo con decirlo ya me cansé!

En cambio, un hombre, muchas veces, llega del trabajo y su lista de pendientes ya está vacía. Es muy raro que los hombres lleguemos del trabajo, nos acomodemos en el sofá para ver televisión y nuestra esposa brinque junto a nosotros: "¡Mi amor, me voy a sentar tres horas contigo a ver el básquetbol!". Ella está cocinando, cambiando un pañal, limpiando un baño, haciendo mil cosas. La lista del hombre ya está en blanco, mientras la lista de su esposa sigue atorada de quehaceres. Así que, mi conclusión es que el hombre debe llegar a casa y decir: "Mi amor, ¿qué puedo tomar de tu lista para ayudarte?". Si hace eso por su mujer, ella lo recompensará cuando estén solos. No necesitamos a la Universidad de Pittsburgh para saber lo que recibiremos de una esposa agradecida y enamorada. Pero si nada más nos sentamos a verla ir de aquí para allá, cuando los niños por fin se durmieron y la buscamos para tener intimidad, ¡ella estará como un trapo! En su cuerpo no queda energía y nosotros, de insensibles, le decimos: "Mujer, tú no me quieres. Nunca quieres nada conmigo".

¡Por favor! Obvio que no es eso, es que simplemente ella está exhausta. Como dicen los puertorriqueños: "No le queda más na'. ¡No más na'!"

Por eso, yo soy precavido y ayudo en casa. Si sé que ella va por los niños, yo me ofrezco a pasar por uno de ellos que sale de la práctica de deporte a las 5:30 de la tarde. También la llamo para saber en qué necesita que la apoye. Yo podría ponerme mis moños, llegar como si nada: "¿Ya está la comida?", pero lo que voy a recibir es algo así como un caldo de malas caras. Así que antes de salir para la casa, yo llamo: "Mi amor ¿quieres que me vaya directamente a la escuela por los niños o quieres que pase primero a la casa y te ayude con algo, necesitas que pase a comprar algo al supermercado?". ¿Sabes lo que estoy haciendo? ¡Hago espacio para mí en la lista! Hay que ser inteligentes, ¿no te parece?

En el relato de la Última Cena, Cristo escuchó a los apóstoles que se estaban peleando por saber quién sería el mayor en el Reino de los Cielos. Esos hombres estaban tan enganchados con su pleito, que ni se dieron cuenta de que el Maestro se levantó de la mesa, tomó un recipiente con agua y una toalla. Preparó todo para servir a sus amados y darles una lección de humildad impresionante. En ese tiempo, la costumbre judía era que un siervo, el de menor rango, el más nuevo, se pusiera una bata y lavara los pies a la gente alrededor de la mesa. Ahora ponte a pensar. No hablo de gente que tenía tenis y buenos zapatos, no, no; estoy hablando de gente que andaba en guaraches o sandalias todo el día, por lo que esos pies estaban realmente mugrosos y malolientes, sucios de lodo, excremento de animales y ¡quién sabe qué más tenían ahí metido entre los dedos!

Pues Jesús se levantó, se puso la bata del siervo y lavó los pies de sus amigos. El problema de ahora es que nadie quiere despojarse de su orgullo. Sé que te estoy pidiendo algo imposible, una actitud de servicio que va más allá de nuestra reacción natural, porque no se da espontáneamente. La única forma de lograrlo es despojándonos de nosotros mismos para que el espíritu de humildad de Dios nos llene. Todos los días, antes de entrar a casa, yo tengo una breve sesión de entrenamiento en mi auto. Si pasas frente a mi casa, me verás dentro del auto, mentalizándome como si fuera Rocky Balboa a punto de salir a una pelea de campeonato. Incluso, pongo la música de la película y me digo: "Señor, empodérame, está a punto de entrar el mayor siervo de esta casa. Por favor, ayúdame a servir a mi familia y hacer sentir amada a mi esposa". ¡Esto ha cambiado mi vida y mi matrimonio!

Luego de abrir la puerta y saludar a Ellie y a mis hijos pequeños que todavía corren a abrazarme, pregunto: "¿En qué puedo ayudar?". Entre todos hacemos todo. Cenamos juntos y limpiamos, porque de eso se trata la familia. No te digo que siempre las cosas fluyen de maravilla, para nada; a veces los niños no colaboran, a veces alguien está de mal humor, en fin, somos humanos, no robots, y toca adaptarnos. Me tomó años aprenderlo, pero apliqué el principio de vivir sabiamente con mi esposa y amarla a través de mi servicio.

Nuestra cultura enseña que la mujer es la que siempre lava los pies, la que sirve con humildad. Pero la Biblia dice que es el hombre quien tiene que dar la vida en entrega y en sacrificio por su mujer. Hay muchas cositas que nuestra esposa nos pide, actitudes que ella espera de nosotros, pero que no damos porque el orgullo nos gana y pensamos que ser humildes para amar es rebajarnos o perder autoridad. ¡Nada más alejado de la realidad! Si comprendiéramos lo que ganamos siendo serviciales, y si supiéramos los conflictos que evitamos con una buena actitud, renovaríamos nuestra forma de amar.

Lo que un hombre necesita

Como vimos anteriormente, de acuerdo con el diseño divino del matrimonio, las mujeres deben sujetarse a su esposo a quien deben dar honor. La honra es lo que los hombres más necesitamos, por lo tanto, no hay nada más atractivo para nosotros que una mujer nos honre con sus palabras y acciones, pues la honra nos valida. Los hombres somos ejecutores, dados a la acción, a la solución. Esa es nuestra naturaleza. En la Biblia vemos que lo primero que Dios dio al hombre fue trabajo y luego, al salir del Edén con Eva, también le dio trabajo[1]. De esa forma le daba propósito y esperanza en el futuro. Era como decirle: "Vuelve a creer, vuelve a edificar porque metiste la pata, te equivocaste, pero toca ver hacia adelante. Vuelve a sentirte vivo". Cuando los hombres tenemos una buena semana en el trabajo, ¿cómo nos sentimos? Vivos, animados. En cambio, cuando no tenemos trabajo y no podemos suplir las necesidades de la familia, nos sentimos frustrados, impotentes. Andamos como pollitos, todos apocados, porque un hombre se realiza a través de lo que hace, y como proveedor, anhela cumplir bien esa asignación. Por eso es frecuente que nos enfoquemos mucho en el trabajo, porque allí encontramos retribución y satisfacción a nuestra necesidad de producir y generar. Además, esto se refuerza cuando en el trabajo obtenemos esa validación que deberíamos obtener en el hogar.

Otra necesidad que los hombres tenemos es sentir que podemos contar con ser sinceros sin escuchar reproches. Al ser un equipo con nuestra esposa, ambos nos apoyamos, nos comunicamos y cubrimos mutuamente. Somos mejores amigos, confidentes y cómplices, no solo marido y mujer. Ya lo vimos en el capítulo anterior, pero debo confesar que cuando mi Ellie me valida: "Freddy,

---

[1] Génesis 3

yo creo que tú eres el mejor padre sobre la tierra. Me encanta cuando pasas tiempo con tus hijos", yo sé que no lo soy. En mi corazón, yo digo: "Ella me ve así porque me ama, aunque me hace falta mucho para ser buen padre". Pero cuando ella dice eso, ¿sabes lo que yo trato de hacer? ¡Trato de subir mi nivel y ser ese padre que ella cree que soy! Al contrario, si lo primero que ella me dijera al llegar a casa fuera: "Tú no sirves como padre. Nunca nos sacas ni haces nada. No creas que trabajando ya me diste todo", lo que yo haría sería cerrar la puerta y regresar al trabajo, porque ahí me dicen que soy bueno en lo que hago, que soy eficiente y lleno las expectativas. Allí no me restan valor, sino que me suman y eso es lo que yo necesito.

Ellie es inteligente y obediente porque me dice lo mismo que quisiera cambiar en mí, pero de manera diferente; siempre comunica lo que espera ver, no lo que realmente ve. Me habla palabras de bien para comer esos frutos dulces que ha declarado. Si como trabajador soy exitoso, si he logrado algo y recibo honra, pero cuando llego a mi casa parece que solo me escupen en la cara que no sirvo para nada, no me dan ganas de llegar. ¿Ves a qué me refiero? No deseo atacar a nadie, pero si deseamos corregirnos, primero debemos descubrir lo que hacemos mal o lo que podemos mejorar. El problema es que, muchas veces, tenemos años haciendo mal las cosas, así que nos acostumbramos a una conducta y nos acomodamos a decir que así somos. Nos aferramos a una posición que solo nos hace daño.

Un hombre ve su casa como su palacio donde es el rey y lo recibe su reina. Pero cuando su reina no le deja sentarse en su trono y empieza a atacarlo, dice: "Necesito encontrar mi honra; satisfacer esa necesidad básica; lo que me hace abrir mi corazón y que no me dan en casa". Ahora bien, esto es un círculo vicioso. Generalmente, si una mujer no ofrece honra a su esposo es porque está frustrada, dolida y desesperada, porque siente que participa en un juego dominado y manipulado por otra persona que tampoco le da la atención, validación y cobertura que ella necesita. No es esa relación ganar-ganar de la que ya hablamos. ¿Ves cómo nos enrollamos en una espiral de confusión? Pero, calma, ese círculo se puede romper. ¿De qué forma? Sí, adivinaste, ¡con la obediencia a las instrucciones de Dios!

Así que volvemos al principio. ¿Qué es lo que Dios pide a las damas? Que honren a su esposo. No hay nada que un hombre encuentre más atractivo en este mundo que una mujer que lo honre y lo alabe. Por lo tanto, mi recomendación a las damas es que alaben a su esposo por una cosa todos los días. Acepten ese reto por una semana o un mes. Pidan a Dios: "Dame la fortaleza para honrar a mi esposo, porque lo que Freddy me está pidiendo es difícil. Dame la fortaleza para no decir nada negativo a mi esposo, sino siempre algo positivo, porque el mayor honor que él recibirá será de mis labios. Esa es su más grande necesidad, yo soy su ayuda idónea y nadie más hará el trabajo que me corresponde".

> NO HAY NADA QUE UN HOMBRE ENCUENTRE MÁS ATRACTIVO EN ESTE MUNDO QUE UNA MUJER QUE LO HONRE Y LO ALABE

Entonces, estoy seguro de que la esposa podrá decir a su esposo con cariño: "Mi amor, gracias, porque eres un hombre trabajador. Gracias porque te levantas temprano todos los días para proveernos, gracias porque nos cuidas y proteges". Imagino a los hombres leyendo esto y dando gritos de alegría, así como imagino a las mujeres trabando los ojos, con expresión de: "Está bien, lo haré, pero que Dios me ayude, porque este hombre no se lo merece". Pero insisto, si él solo escucha todo lo que hace mal en el lugar donde Dios intentó que se le diera honor, los cambios positivos nunca sucederán y se quedarán estancados en la frustración. Recordemos que el hombre tiene cuatro necesidades básicas:

1. honor
2. relación íntima
3. amistad con su esposa
4. apoyo para el hogar

Los hombres nos concentramos en hacer una cosa a la vez, en cambio las mujeres hacen diez. Una mujer cambia pañales, limpia mocos, lava la ropa y los platos, además de cocinar y ser buena profesional, mientras que los hombres nos enfocamos en hacer una cosa. Por eso necesitamos la ayuda de nuestra compañera.

Debo reconocer que el ego de un hombre es lo más sensible sobre la tierra. Los hombres buscamos vernos fuertes y rudos, por eso hablamos de nuestros logros con orgullo, pero en el fondo, tenemos miedo al fracaso. Soy hombre, así que, varón, no digo esto con la intención de ofenderte y que cierres este libro, pero debemos reconocer que ponemos barreras porque nuestra autoestima es frágil, aunque no lo aparentamos y la persona que más puede lastimarnos es aquella a quien le hemos abierto las puertas del corazón. Nadie puede herir a un hombre como su esposa y nadie puede hacerlo sentir mejor que su esposa. Por eso mi recomendación va en esa línea de la honra.

> **HABLAMOS DE NUESTROS LOGROS CON ORGULLO, PERO EN EL FONDO, TENEMOS MIEDO AL FRACASO**

En todo tiempo

Sin duda, la llave que abre el corazón de un hombre es el respeto, y la llave que abre el corazón de una mujer es el amor. Lo que hagamos en ese sentido dará buenos resultados. Pero todo se complica cuando se llega al punto de frustración que impide dar respeto al esposo y amor a la esposa. Si esto fuera tan sencillo como cuando la pareja se acaba de enamorar, no tendríamos un índice tan alto de divorcios. Por lo tanto, el desafío es ofrecer respeto y amor consistentemente, a pesar de las circunstancias. A veces, el esposo dice: "¡Ah!, cuando ella me respete yo la voy a amar, Freddy, pero ahora, esa mujer no merece mi amor". Y la esposa dice: "¡Estás loco, Freddy!, ¿yo respetar a ese hombre que no lo merece? ¡Jamás!". Entonces, llegamos a un callejón sin salida. Es aquí donde necesitamos hacer a un lado nuestras emociones y justificaciones para dar paso a la obediencia y dar lo que nos corresponde, porque si en vez de brindar lo que la persona más necesita, nos dedicamos a exigir lo que nosotros necesitamos, el resultado es que ese amor apasionado que nos unió se convierte en un compromiso frío que nos hace sentir vacíos.

Hablemos claro: el hombre no puede funcionar sin respeto y la mujer no puede funcionar sin amor, pero esperamos recibir para dar, y esa es una forma egoísta de pensar y actuar. Lo que debemos hacer es iniciar nosotros ese círculo virtuoso del amor y respeto, para romper el círculo vicioso de la indiferencia y la ofensa. Si el esposo llega del trabajo y dice: "Mi amor, ya llegué", pero la respuesta de su esposa es: "Sírvete la comida, ahí te la dejé. Tú no haces nada en esta casa, yo no sé por qué vienes a esta hora", sin duda, ese hombre no pasa de la puerta, da la vuelta y va con sus amigos, con quienes puede pasarla bien y con quienes recibe lo que necesita: respeto. Claro que no es excusa, pero es la verdad. Estimado amigo, ama a tu esposa como Cristo amó a su iglesia. Apreciable dama, respeta a ese hombre como si Jesús en persona entrara a tu casa todas las tardes.

Cierta noche, como a las diez, estaba planchando mis pantalones y mi camisa. Toda mi vida he planchado. Desde los ocho años empecé cuando mi hermana me enseñó y me gusta hacerlo. Lavar trastes es otra cosa, no lo hago porque mi hermana me traumó con eso de lavar platos, pero lavar ropa, planchar, barrer, pasar la aspiradora no me molesta. Lo que quiero contarte es que yo estaba planchando y mi esposa veía la televisión para relajarse un poco. Al verme, se levantó de inmediato:

—Freddy, deja, yo plancho tu ropa.

—No, no, no, no. Yo ya estoy planchando, mi amor, no te preocupes.

—¿Seguro? Sé que estás cansado.

—Sí, pero tú también. Ya casi termino. Nomás, no me des tus vestidos esos de tela tan delicada porque ya quemé un par.

Una esposa quiere que el esposo tenga la iniciativa de ayudarla, así como él quiere que ella tenga la iniciativa de ponerse cariñosita de vez en cuando. Yo me pregunto con frecuencia: si Cristo viviera en mi casa porque es el esposo de Ellie DeAnda, ¿la trataría como yo la trato? Jesús es nuestro modelo como esposos, y alcanzar ese estándar es nuestro reto.

¿Con qué estás peleando? ¿Con la carne, con tu orgullo? ¿Por qué no quieres soltar esa arrogancia? Es muy injusto vivir una relación donde alguien siempre tiene que dominar. Dios no nos creó de esa manera. ¿Sabes qué necesitamos en el mundo? Necesitamos hombres que dejen de lado su orgullo, hombres que cuando su esposa les esté tirando palabras negativas que salen de su corazón herido, digan: "Mi orgullo está echando a perder esta relación. Voy a cambiar de actitud y voy a empezar a servir". Te confieso que Dios me reprende cuando trato mal a mi esposa, porque la defiende al ver que ella es hija obediente. Claro que a mí también me defiende cuando es necesario, así que todos salimos ganando cuando nuestro Padre es parte de la familia. Marido y mujer, no se justifiquen. Dejen de quejarse diciendo "pero es que él…"; "pero es que ella…". Ambos brinden amor y respeto.

Responsabilidad compartida

La gente me pregunta: "Freddy, ¿por qué eres tan duro con los hombres?". Mi respuesta es que nosotros, los hombres, fuimos creados primero y más fuertes, así que la responsabilidad es nuestra. Creo que deberíamos ser los primeros siempre, y más todavía en esto de responsabilizarse con el matrimonio. Una mujer herida ya no quiere dar nada ni esforzarse por la relación porque perdió la seguridad. Por lo tanto, debemos restaurar esa confianza al demostrarles que damos la vida por ellas. Sirvámoslas, respaldémoslas.

A los esposos les recomiendo que le envíen un mensaje a su esposa: "Estoy pensando en ti". Así ella no pensará que estaban hablando con aquella mujer que le inspiró des-**DEBEMOS** confianza. Debemos inspirar seguridad. Incluso, si es **INSPIRAR** necesario, cambiemos nuestro número de teléfono sin **SEGURIDAD** que nos lo pidan, para recuperar la confianza. Cuando ella pregunte cuánto ganamos, digámosle. No respondamos con arrogancia: "Eso no te incumbe, no te metas". Si salimos del trabajo a las cinco de la tarde y llegamos a las ocho de la noche diciendo: "No te importa dónde andaba", ¿qué seguridad le damos? ¡Ella necesita seguridad! Y cuando la ofrecemos, ella, como buena tierra, nos devuelve fruto al ciento por uno de esa buena siembra. Que Dios nos ayude a obedecer y dar lo que nos corresponde con amor. Yo aprendí todo esto de la forma más difícil, créeme. Pero ahora entiendo que, en el matrimonio, ambos debemos ser humildes para que la vida juntos funcione como Dios la diseñó.

Cuando la esposa se somete, cuando trata a su esposo como el mejor hombre de todo el mundo, aunque no lo merezca, está cumpliendo responsablemente su parte de la ecuación. Entonces, puede doblar sus rodillas para decirle a Dios: "Yo he obedecido tu Palabra, yo he dado honor y respeto, he hecho mi parte. Ahora te entrego el corazón de mi marido para que tú lo quebrantes y restaures. Yo seguiré respetándolo, dándole honor por obediencia a ti, creyendo que, si me humillo y te obedezco, tú obrarás en él". ¡Ahí está la clave del éxito de tu matrimonio!

La conducta de la esposa no debe ser tropiezo ni la excusa para la mala conducta del esposo y viceversa. La forma de actuar y hablar de ella no debe ser como espada que corta la hombría, paternidad, capacidad de provisión y liderazgo del esposo. Es seguro que algunas esposas ya probaron cambiar a su esposo siendo duras, hirientes, manteniendo una actitud defensiva. A esas mujeres les pregunto: ¿funcionó? Me parece que no, así que es tiempo de sujetarnos a lo que Dios nos dice que es lo correcto. Cuando no obedecemos lo que la Palabra de Dios nos pide y no suplimos las necesidades de nuestro cónyuge, todos perdemos.

Cada vez que les pido a los esposos que sean más cariñosos, más de alguno me dice: "Pero yo de vez en cuando le digo que la amo… también trabajo como esclavo para mantenerla, eso es amarla". La palabra amor es tan amplia en su concepto que es fácil perdernos en significados. Por eso es tan valioso saber cuál es la forma en la que nuestra pareja se siente amada. Utilizamos la palabra amor para cosas que en realidad solo nos gustan o apreciamos: "Yo amo los postres, amo el café, amo a mi perro", pero el amor, según el concepto que Jesús nos enseña, es mucho más profundo, es más que un impulso de satisfacción o un sentimiento, es compromiso y sacrificio por el bien de la otra persona. Es un amor de calidad, no solo de cantidad y de expresiones superficiales. Es entrega total. Por eso, aconsejo a los esposos que si quieren respeto deben dar amor. Solo decir "te amo" no es suficiente, como tampoco es suficiente pensar que lo demostramos sin necesidad de palabras. Lo mejor es preguntar a la esposa: "¿Cómo hago para que te sientas amada?". Estoy seguro de que algunos dirán que eso no es propio de los hombres, pero te cuento que sí es una expresión de amor de esposo responsable que desea satisfacer y aliviar la tensión de su esposa.

El trabajo de la mujer es suplir honor y respeto a su esposo, y el trabajo del hombre es amar a su mujer, dar la vida por ella. No caigamos en la trampa: "Yo no te voy a expresar mi amor hasta que tú me respetes... Yo no te voy a expresar respeto hasta que tú me demuestres tu amor". Si ambos deciden dar el primer paso hacia el cambio positivo, verán mejoras impresionantes en su relación. Pero necesitamos morir para que Dios resucite nueva vida en nosotros. Yo puedo decirte que mientras más Freddy ha muerto, más vida ha recuperado mi matrimonio. Cuando obedecemos en amar y respetar, Dios abre las puertas del cielo. No mires si la otra persona hará su parte, enfócate en hacer lo que te corresponde, y Dios hace el resto.

Tarea

Este ejercicio es quizás uno de los más importantes y difíciles que te pediré. Por favor, con toda honestidad, responde la sección que te corresponde, no la de tu pareja porque esa será su responsabilidad. Tómate el tiempo para reflexionar sobre la relación con tu cónyuge, tu forma de ser y reaccionar.

Cuando ambos terminen, compartan sus respuestas. Las parejas realmente comprometidas con este proceso se preguntarán mutuamente: "¿Cómo puedo mejorar en cada área para que sientas cuánto te amo?"

Dama: juntos hemos descubierto cuatro necesidades básicas de tu esposo.	¿Cómo satisfago su necesidad ahora?	¿De qué forma puedo mejorar?
Honor		
Relación intima		
Amistad		
Apoyo en el hogar		

Caballero: juntos hemos descubierto cuatro necesidades básicas de tu esposa.	¿Cómo satisfago su necesidad ahora?	¿De qué forma puedo mejorar?
Amor		
Comunicación		
Seguridad		
Servicio		

Capítulo 5

DINERO

No exagero si te digo que, luego de nuestra estresante boda, pasamos una semana increíble en Hawái. Fue más que agradable estar finalmente solos y tranquilos, después de tanta negociación y tensión entre familiares. En Hawái, el clima era perfecto y los atardeceres de verdad que nos hacían sentir en el paraíso. Realmente disfrutamos ese tiempo juntos, sin distracciones, sin tener que quedar bien con nadie más.

Al regresar del viaje y comenzar esa nueva vida juntos, alquilamos una casa donde nos acomodamos durante un año. Por supuesto, nuestro plan era comprar el que sería nuestro hogar. Luego de ver opciones, compramos una casita para remodelar. ¡Fue emocionante! Con un proyecto de remodelación encima, ya no era posible pagar renta, así que la mamá de Ellie nos permitió vivir temporalmente en su casa. Es un gesto que agradeceré siempre, porque nos abrió las puertas para cumplir nuestras metas en ese momento. Sin embargo, cuando las jóvenes parejas me preguntan si es recomendable vivir con los suegros, mi respuesta es que "el casado casa quiere", y que deben independizarse lo más pronto posible.

Pues, volviendo a lo que te contaba sobre Ellie y yo, compramos nuestra primera casita en la ciudad donde yo iba a ejercer como pastor, porque ya habíamos decidido que obedeceríamos el llamado de Dios. Así que estábamos iniciando ese proyecto y mis ingresos eran limitados.

—Freddy, ¿cómo te fue hoy?

—Cansado, Ellie, pero fui a ver cómo van con la casa y ya lograron poner todo el piso.

—¡Qué bien! ¿Cuánto tiempo crees que faltará?

—¿Por qué? ¿Te urge salir de aquí?

—No, no, es solo para planificar. Ahora que se me acabó el detergente, mamá me dio un poco del suyo, entonces, para saber si seguimos comprando en pequeñas cantidades las cosas del supermercado.

—Ellie, si te digo que están terminando de poner el piso, imagina lo que falta.

—¡Oh!, cierto, muy bien. Todavía falta. Iré acomodando el presupuesto para las compras.

—Pero ¿lo dices porque te falta algo?

—Pues, también tuve que pedirle a mamá un poco de champú, pero no te preocupes, yo lo soluciono mientras vemos cómo podemos tener más ingresos.

—¡¿Qué?! ¡Ya te dije que no me hagas eso! ¿Qué va a pensar tu mamá? Qué yo no puedo darte lo necesario. Tú sabías que al principio iba a ser difícil. Yo ahora no puedo darte más dinero, ayúdame, ¡no me hagas quedar mal! —le dije antes de salir dando un portazo.

Acomodarse a la nueva realidad, como dos seres que se han convertido en uno, toma tiempo y puede surgir mucha tensión. Por eso la comunicación es tan importante. Para mí era extraño que alguien expresara su necesidad porque yo había crecido en un ambiente donde no debía andar diciendo que me hacía falta algo. Esa ha sido la única noche durante todos mis años de matrimonio que me largué de la casa furioso. Ahora me da mucha pena porque, sin duda, mi suegra habrá escuchado el relajito. ¿Por qué me fui? Porque estaba tan enojado que, si me quedaba, yo sabía que nada bueno resultaría. Manejé durante dos o tres horas, pensando, reflexionando, orando. Me hacía preguntas yo solito, quería comprender qué era lo que me hacía reaccionar de esa forma. Yo amaba y amo a mi esposa, pero mi temperamento era como un caballo sin riendas.

Así fue como me di cuenta de que el enojo es responsabilidad de quien lo siente y expresa. Jamás podría culpar a mi esposa por mis reacciones y decirle: "¡Tú tienes la culpa de que yo me enoje, tú me haces enfurecer!". Cada palabra áspera, cada grito es reflejo de que hay aprendizajes y heridas pendientes de sanar en nuestro corazón. Tú das lo que tienes. Si tienes aspereza, eso darás. Nadie puede sacar de ti lo que no está en ti. Si te pido 500 dólares no me los puedes dar si no los tienes. Si te pido paz y reacciones sabias, me las podrás dar si las tienes. Esa noche me di cuenta de que soy como una obra en construcción; todos lo somos, pero yo más. Ahora, años después, continúo con el reto de dominar mi temperamento y cultivar en mí la mansedumbre que necesito para ofrecerla.

Regresé antes de que se me acabara la gasolina del auto. Me tranquilicé luego de notar que estaba desperdiciando gasolina al dar tantas vueltas. No encontré todas las respuestas que deseaba, ni las soluciones que necesitaba, pero me acerqué a Ellie y la abracé. Fue un abrazo largo en el que comunicamos nuestro deseo por estar bien, por no volver a pelear de esa forma.

Ya más tranquilos, conversamos sobre nuestro presupuesto y cómo íbamos a resolver nuestra situación financiera. Yo no quería defraudarla, quería ser un buen proveedor, que nada le faltara. Eso era lo más importante para mí. Me sentía frustrado por no poder darle una hermosa casa nueva donde todo abundara, pero estábamos empezando y era momento de "apretarse el cincho" al economizar. Mi esposa no me exigía. Ella se acomodaba, pero yo me sentía molesto conmigo mismo.

Los contextos de donde Ellie y yo provenimos son tan diferentes como el agua y el aceite, especialmente en el área financiera. Yo tuve que abrirme paso en la vida desde muy chico y pasé penas para lograrlo. Así que lo primero que hicimos cuando decidimos casarnos, después de orar, fue un presupuesto de lo que podíamos gastar en la boda. Muchas cosas sucedieron durante los preparativos. ¡Incluso la sorpresiva separación de sus padres! Creo que todos esos eventos nos ayudaron a tener más claridad sobre lo que significa el compromiso y el reto del matrimonio.

Como estudiante tenía un muy buen trabajo. Luego cuando me gradué de la universidad empecé a trabajar en una iglesia, mi salario se redujo a menos de la mitad, unos quince mil dólares al año, pero había decidido seguir mi llamado al servicio de Dios, lo que me llevó a trabajar en un ministerio. En medio de esa pasión por servir a Dios, los retos no se hicieron esperar. Las finanzas fueron uno de los desafíos más grandes. ¿Imaginas esa reducción de ingreso a la tercera parte? Fue un cambio radical, por lo tanto, apegarnos a un presupuesto muy detallado era importantísimo para mí. Creo que por esa razón el pleito de esa noche fue el más grande en la historia de nuestro matrimonio.

Tema delicado

El tema económico es uno de los más delicados en la vida de una persona, no digamos de la vida en pareja. De hecho, 90% de los matrimonios tienen conflictos por esta razón, porque el dinero está ligado directamente a nuestro corazón y a nuestros valores. Si quieres saber qué es importante para una persona, toma nota en qué invierte o gasta su dinero, cómo se maneja financieramente.

Otra pregunta importante: ¿quieres eliminar una fuente de dificultades en el matrimonio? Ve con tu pareja y dile: "Mi amor, sentémonos a hacer un presupuesto, pongámonos de acuerdo, decidamos qué haremos para ganar dinero y en qué lo usaremos". Al hacerlo, ya no tendrán que estar consultándose o desgastándose cada vez que deban pagar algo. Esto necesita mucha atención porque generalmente el esposo es quien trabaja para el sustento de la familia. Entonces, pareciera que él debe tener el control del presupuesto, pero no es así. Mucho menos si ambos trabajan. Las decisiones financieras se toman juntos, como todas las demás decisiones.

LAS DECISIONES FINANCIERAS SE TOMAN JUNTOS, COMO TODAS LAS DEMÁS DECISIONES

Supongamos que solo el esposo genera ingresos y la esposa le compra unos zapatos al niño. Cuando él se entera, se enoja y reclama, pero desde la perspectiva de ella, era necesario hacer ese gasto, entonces hay conflicto:

—¡¿Por qué gastaste ese dinero?! Yo estaba ajustando lo que debemos pagar.

—Pero si ayer hablamos, y tú dijiste que todo lo tuyo es mío, así que no vi problema en comprarle los zapatos a tu hijo, porque es dinero de los dos.

—¡No! Tú debiste consultarme porque soy yo quien se parte el lomo trabajando y tú solo andas gastando.

—Pues si me dieras un poco más para el gasto, yo ahorraría y no te andaría limosneando.

He escuchado ese tipo de dificultades muchas veces y me parece injusto, aunque yo mismo he actuado más o menos así en un par de ocasiones. ¿Recuerdas el conflicto que te conté sobre los muebles que Ellie compró para nuestra habitación? Pues fue algo por el estilo. Así que, como dicen por ahí, "tengo cola que me machuquen". Pero yo enmendé mi "metida de pata", por lo que puedo decirte de frente y con conocimiento de causa que esa actitud prepotente no es correcta.

Volvamos al pleito de la pareja por la compra de los zapatos del niño. La cosa se pone peor aún si, luego, la esposa regañada ve que el marido está entretenido comprando tonterías por internet. Es como para que se ponga como agua para chocolate, es decir, enojada, y seguirá el pleito:

—¡Hey, muy bonito, muy bonito! Tú ahí malgastando el dinero y me gritas porque le compré zapatos a tu hijo.

—No te metas, mujer, ese dinero me lo gano yo, solo falta que no pueda comprar lo que yo quiera.

Tal vez el esposo no es tan ciego como para ver que su esposa tiene razón, pero como no quiere dar su brazo a torcer, se hace el muy macho. Luego, cuando le llegan las cosas que ha comprado, está pendiente de recogerlas rápido y esconderlas en el garaje o en el carro. Pero como no hay nada escondido bajo el cielo y la tierra, ella, "por casualidad", revisa los estados de cuenta del banco, ve los gastos y se arma de nuevo el pleito. Más allá de darle la razón a uno o al otro, si tuvieran un presupuesto donde se define bien qué cantidad pueden gastar y para qué, no habría necesidad de todo ese drama. También suele suceder que el esposo piensa que no debe compartirle a su esposa cuánto gana. ¿Cómo harán un presupuesto sin ese dato? La justificación de él: "Ese no es asunto de ella. Yo le doy para el gasto y es todo lo que necesita saber". ¡Eso no es así!

Al principio de nuestro matrimonio, yo era el encargado del presupuesto, pero ahora, años después, Ellie es quien lo maneja, primero, porque es muy buena administradora y, segundo, porque necesito de su ayuda para atender todas mis atribuciones en el ministerio y en mi trabajo. Ambos tomamos las decisiones con total transparencia. En el matrimonio, ambos se vuelven una sola carne, así que no debe haber nada oculto entre ambos. Los secretos son falta de confianza y no puedes vivir con una persona en quien no confías. Si el esposo piensa que su ingreso no es asunto de la esposa, entonces ella comienza a tener "sus guardaditos". De esa forma no es posible funcionar como pareja.

Confianza ante todo

La Biblia nos habla sobre el amor que todo lo sufre, todo lo cree, todo lo espera, todo lo soporta[1]. Además, nos advierte sobre cómo trabaja el enemigo[2]: acusando. Amemos con transparencia, sin buscar cómo evadir o esconder. Además, busquemos acuerdos para que no se ponga el sol sobre nuestro enojo[3]. Ser transparentes nos da seguridad y abre la puerta al respeto, justo lo que la esposa y el esposo necesitan. El área del dinero es donde más insegura se siente una mujer, y también donde, muchas veces, el hombre siente que no recibe respeto.

Cuando no somos buenos administradores, el enemigo encuentra cómo acusarnos: "Él no te ama... si te amara, no te escondería cuánto gana... Ella no te ama... si te amara, no te escondería que tiene su guardadito ...Tú necesitas otro hombre que te valore, que te provea como a una reina ...Tú necesitas una mujer más joven, por eso necesitas gastar en tu apariencia...te casaste con la persona equivocada". ¿Lo peor? ¡Le creemos a esta voz y cometemos terribles errores! Pero si en la relación hay transparencia en el manejo financiero, le cerramos la puerta al acusador y a la tentación, porque al comenzar a "reservarnos" cierta información, nuestro corazón va confundiendo lo bueno con lo malo, y llega un punto en el que ya se cometen faltas a otro nivel. Mucho cuidado con la sinceridad en todo sentido y para todo.

---

[1] Corintios 1:13
[2] Apocalipsis 12:10
[3] Efesios 4:26

SIN CONFIANZA, NO PUEDE HABER VERDADERA INTIMIDAD

Sin confianza, no puede haber verdadera intimidad. Para un hombre, la intimidad es algo más físico; para una mujer es algo emocional. Si no hay seguridad o un vínculo de confianza entre los esposos, no hay verdadera vida íntima. No es posible construir una relación profunda con alguien en quien no confías porque no le entregarás tu corazón si reservas. Si algo roba la confianza es la mala administración del dinero. Toda mujer anhela un esposo que sea su guía, que la encamine y la proteja. La mayoría de hombres —no todos— no teníamos mucho al casarnos, así que ellas confiaron en nosotros. La mujer que te aceptó dijo: "Yo confío en que tú vas a cuidar de mí y juntos saldremos adelante".

Doy gracias a Dios por mujeres profesionales que saben trabajar y administrarse bien. Pero también hay mujeres que han decidido dedicarse a su hogar y a sus hijos. Han hecho de ello su profesión y ¡vaya que son expertas! Si una mujer anhela estar en su casa para cuidar de los hijos, el esposo debe tener un plan para que eso suceda. Si ella ha escogido trabajar, me parece genial. Lo único que deben considerar es que ella no lo esté haciendo porque se sienta insegura, porque ve necesidad y busca resolver: "Me voy a conseguir un trabajito porque, si algo pasa, no me quedaré en la calle". Eso sería terrible, ya que no importa qué suceda, el varón debe asumir su responsabilidad como proveedor.

Muchas veces, una mujer con un corazón roto debe asumir la responsabilidad de su economía y del sustento de sus hijos porque le falló su esposo, a quien ella se sujetaba. He escuchado: "Yo no puedo dejar el trabajo, pastor. Él quiere que me quede en la casa, pero yo no confío. Si yo dejo de trabajar, él usará eso para controlarme y echármelo en cara". ¡No es posible que la esposa tenga miedo de depender de su esposo! Él prometió sustentarla y años después, ya con hijos, ella no debe sentirse insegura porque su esposo no le provee. Por favor, esposos, reflexionemos sobre nuestro papel como sustentadores.

El tema del dinero nos molesta cuando no lo hemos administrado bien. Hay un versículo muy conocido de la Palabra de Dios que nos asegura que nunca nos abandonará, por lo que debemos vivir sin avaricia[4]. Que alguien nos diga que no nos abandonará inspira confianza, ¿cierto? Pero cuando empezamos a amenazarnos —"te voy a dejar y me voy a llevar todo... te voy a dejar sin nada y me quedaré con los niños ..."—, nos vemos como enemigos en lugar de inspirarnos confianza. De nuevo, la solución la encontramos en la Palabra de Dios que nos habla de confianza a toda prueba como muestra de amor.

Tu dinero, mi dinero, nuestro dinero

Ellie y yo crecimos en familias muy diferentes. Cuando nos casamos, ella trabajaba medio tiempo, es decir, veinte horas por semana. Yo trabajaba en dos lugares porque un sueldo no me alcanzaba. Siempre pasé dificultades económicas, crecí valorando cada centavo porque me costaba ganármelo. Nadie me daba algo gratis. Vendí paletas y churros; también me paraba afuera de los supermercados y decía: "Hola, mi nombre es Freddy. ¿Me daría permiso de llevar sus compras y ayudarle a guardarlas en su auto?". En California, por sacar el carrito de las compras te cobraban veinticinco centavos y, al regresarlo, te devolvían el dinero. Entonces, yo me quedaba horas pidiendo que me permitieran llevar el carrito y regresarlo para ganarme ese dinero. También lavaba autos, lustraba zapatos, bañaba perros, cortaba césped, ¡hacía lo que podía para ganar algo de dinero! Yo vivía con mi hermana y

---

[4] Hebreos 13:5

su familia; ellos me daban lo necesario, pero no podían darme nada más. Si yo tenía un dólar en mi bolsa era porque me lo había ganado trabajando. Ellie creció en una situación diferente. Su padre era buen proveedor. No eran millonarios ni nada de eso, pero su situación económica era buena.

> **UNO DE NUESTROS MÁS GRANDES Y GRAVES PROBLEMAS ES QUE NOS COMPARAMOS CON OTROS Y DESEAMOS TENER AL INSTANTE LO QUE A LOS DEMÁS LES HA COSTADO AÑOS DE ESFUERZO**

Uno de nuestros más grandes y graves problemas es que nos comparamos con otros y deseamos tener al instante lo que a los demás les ha costado años de esfuerzo. Lo que sucede con esos deseos es que nos llevan a cometer errores porque tomamos decisiones basadas en emociones y no fundamentadas en nuestras posibilidades presupuestarias. Recuerdo a un muchacho que tenía un tío millonario a quien quería imitar. Cierta vez se me acercó para mostrarme, muy orgulloso, el nuevo reloj que su esposa le había regalado. Efectivamente, era un reloj muy elegante y costoso, de esos que su tío tenía por docenas porque había logrado su fortuna a punta de mucho esfuerzo; pero el ingenuo muchacho, que no era dueño ni de su propia casa, andaba presumiendo algo solo por competir. ¡Ese es el problema con las comparaciones! Lo mejor es concentrarnos en superar nuestras propias dificultades y disfrutar nuestros logros porque siempre habrá quienes tienen mucho más y también quienes tienen mucho menos que nosotros.

Cuando Ellie y yo recién nos habíamos comprometido, mi suegro planeó llevar a mi suegra a una cena de lujo que servían en un yate súper elegante, donde cada plato costaba más de cien dólares. Yo ni siquiera podía imaginarme comiendo un plato de semejante valor. "Vengan con nosotros, yo invito", me ofreció, pero yo le agradecí y con mucha cortesía rechacé la invitación porque sabía que al inicio de nuestro matrimonio no podría ofrecerle a mi esposa cenas de ese tipo. Por lo tanto, no quería establecer un "apetito por lujos" que podrían fijar un estándar fuera de nuestro alcance. Agradezco a mi suegro porque comprendió mi razonamiento y respetó mi decisión.

Esa situación no fue problema con Ellie, aunque los diferentes patrones de crianza sí provocaron algunos roces entre nosotros. Yo soy muy ahorrador, Ellie es muy generosa. Si yo voy al supermercado y veo que ese día hay cereal o jabón en oferta, compro lo que necesitaremos para todo el año. Después, cuando llegamos a la iglesia, veo que Ellie tiene abierto el baúl de la camioneta y ¡lo está repartiendo a las señoras que llegan! Claro, ya frente a ellas tan felices, yo no puedo decirle nada, pero a veces, no sé si reír o llorar. Cuando Ellie me ve el gesto descompuesto porque está regalando lo que yo compré para ahorrar, me dice: "Ellas lo necesitaban más que nosotros. No te preocupes, Dios nos proveerá".

Un día me estaba quejando con el Señor por lo despreocupada que es Ellie con el dinero. Y su respuesta fue: "Freddy, ¿alguna vez has pensado que la bendición que recibes como buen mayordomo de los recursos es porque tu esposa es generosa?". ¡Ufff!, qué lección me dio el Señor ese día. Así que le dije: "Nooo, pues tú ganas, ahí muere el reclamo". Y agradecí infinitamente a Ellie por ser como es, diferente a mí, por eso es mi ayuda idónea.

Jorge, uno de mis colaboradores más próximos en la iglesia, se casó con su novia Marisol. Ellos también eran muy diferentes en el manejo de las finanzas porque Jorge ahorraba como yo; al contrario, Marisol era la única hija mujer, así que la cuidaban mucho. En la universidad, su papá le daba $400 al mes, mientras Jorge apenas recibía unos $20. Como toda pareja, se conocieron, se enamoraron y se casaron. Cuando regresaron de su luna de miel y llegaron a su casa para iniciar su nueva vida juntos, luego de los cariñitos de bienvenida, fueron juntos al supermercado. La situación estuvo medio graciosa porque, según me contó Jorge, Marisol echaba de todo al carrito y él lo sacaba.

Ella escogía lo más costoso y ¡ni siquiera veía el precio! Así que no comprendía por qué Jorge tomaba cada producto y comenzaba a dividir todo por onzas para ver cuál era la mejor oferta. ¡Gracias a Dios, ella lo tomó a broma y no pasó a más! El patrón de crianza de ambos fue diferente y debían ponerse de acuerdo para comprenderse y encontrar la mejor forma de manejar sus finanzas. ¿Cómo? Muy sencillo: a partir de un presupuesto con el cual ambos sienten que salen ganando porque es claro y equitativo. Hombre y mujer se convierten en uno solo cuando se casan, por lo tanto, el tema financiero es otro más que deben dialogar para ponerse de acuerdo.

En las buenas y en las malas

—¿Cómo te fue, mi amor? ¿Qué tal en el trabajo?

—Pues no muy bien, mamita…

—¿Qué pasó?

—Me dijeron que, con esto de la situación económica tan dura, por ahora ya no me necesitan y que me hablarán cuando haya trabajo.

Creo que este es el diálogo que ninguna pareja quisiera tener, porque significa inestabilidad, angustia y tensión. Lamentablemente, es un diálogo muy común que nos obliga a unirnos más que nunca para salir adelante juntos. Ya vimos que el hombre necesita respeto en todo tiempo y sin importar la situación. Si por alguna razón, él pierde su trabajo o solamente logra trabajar algunas horas, lo último que necesita es que su esposa le reproche que no está proveyendo. Él ya se está castigando suficiente por eso, porque los hombres nos sentimos realizados cuando proveemos. Un esposo sin trabajo no necesita un regaño, humillación o desprecio. Lo que él necesita es apoyo.

¿Cómo se siente un esposo cuando su esposa le pide dinero y no lo tiene? Eso es devastador para nosotros. Los hombres queremos ser los proveedores, esa es la responsabilidad que Dios nos ha dado. Entonces, cuando la esposa regaña a su esposo respecto al dinero, ¡no ayuda! Cuando la esposa empieza a echarle en cara cuánto gana, complica todo porque le falta el respeto que él anhela. Volvamos por un momento al Jardín del Edén. Después de que Adán y Eva tuvieron que salir de ese paraíso, Dios le dijo a Adán que comería del fruto de la tierra[5]. No fue una maldición, sino una nueva asignación. Para la mujer también hubo cambios. Dios le dijo que sería doloroso dar a luz a los hijos. No cabe duda de que sabía a quién darle cada tarea. Si los hombres tuviéramos que dar a luz a nuestros hijos, ya hubiéramos inventado algo para que los niños nacieran sin pasar por ese dolor, porque somos escandalosos cuando algo nos duele, pero somos fuertes para buscar formas de proveer a nuestra familia.

En esas instrucciones de nuestro Creador, encontramos la respuesta a muchas actitudes. Una mujer tiende a "perderse en sus hijos", se enfoca en ellos al punto de perder de vista a otras personas, incluyendo a su esposo. Ella se enfoca en sus hijos mientras el hombre se enfoca en su trabajo.

El esposo se siente poderoso y útil cuando su patrón le dice: "¡Buen trabajo!". Pero cuando su esposa le dice "no sirves para nada", se siente humillado. ¡Es la pura verdad! Así que es mejor que, de ahora en adelante, la esposa le diga a su marido con respeto y cariño: "¿Cómo te fue hoy en el trabajo, mi amor? ¿Tomaste foto de tu trabajo?". Los hombres con su propio negocio tienen más presión que los que trabajan para alguien más, porque tienen empleados que dependen de ellos. Y cuando les va bien todo está genial, pero cuando les va mal... ¡uffff!, esos son los días cuando

---

[5] Génesis 3:17

necesitan del ánimo de su esposa para que Dios les dé la fortaleza y el coraje de superar las dificultades. En esos días, un esposo no necesita que lo cuestionen porque él ya se cuestiona y reprende solito. Lo que necesita es inspiración: "Yo creo en ti, vamos a estar bien; eres un hombre trabajador. Yo te voy a acompañar en oración, eres el mejor hombre sobre la tierra... Ándale, ve a trabajar para que paguemos las cuentas".

Un esposo que recibe respeto hace lo imposible por cumplir con su esposa y sus hijos. No debería ser un patrón o una secretaria quienes más lo motiven. Cuando tomé la decisión de empezar la iglesia, mi Ellie siempre me animó. Si me hubiera desanimado, no lo hubiera hecho. Es más, yo quería que ella me desanimara, estaba buscando excusa para no lanzarme al agua con ese proyecto que significaba una gran incertidumbre —así de hombre soy—, pero ella me decía: "Yo creo en ti". Con esas palabras, no había obstáculo que me detuviera.

LA PRIMERA RAZÓN DEL DIVORCIO EN LOS ESTADOS UNIDOS ES EL DINERO

Es importante saber que la primera razón del divorcio en los Estados Unidos es el dinero. Cuando en casa se enfrentan problemas económicos, marido y mujer se ven cara a cara con uno de los más poderosos destructores de matrimonios que existe. Por lo tanto, no debemos tomarlo a la ligera. La forma en la que manejen el dinero y la presión por el trabajo puede ser la causa del éxito o del fracaso de su matrimonio. No saben cuántas mujeres me han dicho: "Si no fuera porque dependo de él y no tengo dinero, ya me hubiera separado de mi esposo". Es triste, pero frente a una crisis financiera que las motiva a conseguir trabajo, lo primero que muchas mujeres hacen es separarse de su esposo cuando ya se sienten autosuficientes, porque su matrimonio no les brinda seguridad.

Mi consejo a los hombres es que no ignoren a su esposa. Cuando están batallando con el desempleo o cuando simplemente no tienen todas las respuestas, compartan con ellas lo que viven y sienten. Les aseguro que esa comunicación cambia todo frente a ellas. No hay nada peor que ignorarlas y no hay nada mejor que comunicarse. Díganle: "Mi amor, en este momento no tengo todas las respuestas, acompáñame, oremos juntos…". El simple hecho de hacerla sentir incluida mejora el panorama. Trabajar como equipo para poner en práctica los pasos que les daré en este capítulo será el primer avance en la dirección correcta y lo que ambos necesitan para superar una crisis financiera.

Una esposa no necesita gritos y groserías que surgen de la frustración. Ella necesita ternura y comprensión porque está asustada; ella necesita que su esposo sea su seguridad y sentirse parte de un equipo poderoso que luchará por salir adelante. Ya no se ataquen porque el dinero no les alcanza, sino que trabajen juntos para desarrollar un plan que les permita salir del pozo en el que están metidos. Señalar y culpar no soluciona, lo único que ayuda es sentarse a dialogar, que planifiquen lo que harán y trabajen juntos para que ese plan se cumpla.

Sirvientes o mayordomos

Creo que a estas alturas del libro he dejado clarísimo que una mujer necesita seguridad y que un hombre necesita respeto. En el área financiera, si ella no tiene seguridad, no te respetará. Por lo tanto, volvemos a la idea original: un hombre debe actuar de forma que merezca el respeto que tanto necesita. Independientemente de esa relación entre seguridad y respeto, recuerda que cada uno debe ofrecer lo que le corresponde por obediencia y amor, entonces, es más probable que obtengas lo que necesitas.

Sin importar lo que den y reciban, no es negociable ser muy cautelosos con la administración del dinero y el tesoro que Dios les ha dado. De nuevo, la conclusión es que, sin presupuesto acordado por ambos, no tendrán éxito en sus finanzas, y ese problema impactará terriblemente su matrimonio.

CUANDO UN HOMBRE SABE QUE SU MUJER CREE EN ÉL, SE SIENTE ANIMADO

Cuando un esposo sabe que cuenta con su esposa, se siente realizado. Cuando un hombre sabe que su mujer cree en él, se siente animado. ¿Recuerdas el pleito entre Ellie y yo al inicio de nuestro matrimonio en relación con el presupuesto? Teníamos uno, pero nuestras necesidades habían cambiado y el presupuesto no.

Déjame decir lo excelente que es el presupuesto para tu hogar:

1. Cuando se sienten a planificarlo, tendrán que hablar de su dinero y ordenarse para tomar decisiones.
2. El presupuesto toma las decisiones y habla por ustedes.
3. ¿Quién va a hacer el presupuesto? Los dos, porque son socios.

Lo van a hacer como cuando se casaron. ¿Recuerdas que tenían una lista de invitados? Ambos tuvieron que ir seleccionando hasta llegar a la cantidad de personas que podían invitar. Pues así es hacer un presupuesto, hay que ordenar de acuerdo con los recursos disponibles. Una planificación financiera inspira seguridad y respeto.

La duda, la incertidumbre y la falta de un plan son las razones por las que que hablamos negativamente sobre nuestro futuro, porque no hay una visión clara para el mañana, pero cuando tienen un presupuesto, las peleas son menos frecuentes porque el dinero deja de representar un conflicto, y más bien invertirán esa energía en ejecutar su plan financiero. El tiempo que desperdiciaban peleando lo aprovecharán disfrutando actividades que pueden realizar con el dinero que tienen disponible. Después de Dios, el presupuesto manda. Si no hay dinero en el presupuesto para salir a comer, ¿qué vamos a hacer? Comemos frijoles en casa.

Hay que establecer orden para los gastos y para las inversiones. El dinero es como un potro salvaje que debemos domar. Usualmente, el problema no es que ganemos poco dinero, sino que gastamos demasiado. Así que debemos dominarnos. El dinero es un activo que siempre se está moviendo. El promedio de lo que se gana en los Estados Unidos es de cuarenta mil dólares al año, pero debemos administrar bien ese ingreso o no hay dinero que alcance. Hay personas que ganan más de cien mil dólares al año, y al final no saben cómo se les fue el dinero de las manos. Por eso es tan valioso el presupuesto. Comienza a implementarlo y verás que tendrás más control sobre tu dinero. ¿Tú manejas tu dinero o tu dinero te maneja a ti? ¿Eres siervo o mayordomo de tus finanzas? Nadie puede servir a dos amos, dos maestros, dos patrones. Nuestro único amo debe ser Dios.

Tengo un buen amigo que es multimillonario, pero no duerme pensando en la administración de su capital. Él no tiene negocio, su negocio lo tiene a él. Tristemente así es, aunque podría cambiar si toma el control de sus prioridades. Es común que tomemos decisiones emocionales sobre el dinero, porque el mundo te dice todo el tiempo "compra esto y te verás bien", "si tienes buen carro, eres mejor que tu vecino; si te vistes de cierta manera, eres alguien en la sociedad". Después vives intranquilo por todo lo que debes pagar[6]. Mi filosofía de vida es que más vale comer arroz y manejar un auto viejito, que comerse un gran *steak* que pagaste con la tarjeta de crédito.

Ellie es mi apoyo, la administradora de nuestro hogar. Yo no sería nada sin ella. Humanamente hablando, ella es mi roca, mi animadora. Juntos acordamos todo, incluyendo las finanzas de

---

[6] San Lucas 14:28

la familia. Cada hombre necesita tener ese respaldo en su esposa. Ahora tenemos nuestra casa bonita, un buen auto. Sin embargo, ¿cuántos años crees que pasaron para que Ellie tuviera una lavadora nueva? Ocho años. Le compraba solo lavadoras usadas de cien dólares porque no teníamos mucho dinero cuando nos casamos. El error de muchos matrimonios jóvenes es que quieren tener lo que otros tienen, pero al crédito. Nosotros ahorrábamos, no buscábamos lujos, cada uno tenía un auto con más de cien mil millas. Si el auto caminaba, estaba bien para nosotros. Poco a poco los arreglábamos. Claro, la seguridad de mi esposa y de mis hijos estaba primero, así que buscábamos autos en buen estado que no se convirtieran en un gasto mayor.

En el tiempo que recién comenzamos la congregación, yo vi un BMW lindo, pero ese año yo había prometido donar diez mil dólares, aparte de mi diezmo, al fondo de mi iglesia. Me dije: "Ahorita lo más importante es la casa del Señor y darle lo que le pertenece. El próximo año será dar a la iglesia, así que no es tiempo para el auto". Gracias a Dios, aprendí temprano en la vida el valor de honrar a Dios con mis finanzas. Cuando tenía catorce años y empecé a lavar autos, le daba a Dios dos dólares por semana y le daba un dólar a los misioneros que iban a otros países a predicar la Palabra. El siguiente año, ya daba cinco dólares a Dios y dos dólares a los misioneros. Yo he visto a Dios ser mi padre y cuidar de mí en todo sentido, incluso en el área financiera, y tengo claro que Él me da para que yo comparta. Ya te confesé que mi esposa es más generosa que yo, pero en cuestión de diezmar y ofrendar ambos hemos sido fieles toda la vida, y estoy convencido de que esa disciplina ha rendido frutos porque Dios honra a quienes lo honran.

Así que años después, luego de ahorrar, me compré un BMW usado por el precio de un Toyota, obviamente. Todavía dudaba en hacer la compra, pero Ellie me miró y me dijo: "Ya cómprate el auto. Tienes tres años echándole el ojo". ¿Ya te comenté que mi esposa es lo mejor que me ha pasado en la vida? Pues ahora te lo repito: ella ha sido mi mejor amiga, mi socia en todo. Me compré el auto, pero no estoy en deuda por eso. No estoy esclavizado por cumplir ese deseo para el cual ahorré. A veces, he visto que algunos envidian lo que otros han logrado, pero no tienen la disciplina de esas personas que se han esforzado por lograr lo que desean. Entonces, encuentran la solución en la deuda y cuando ya están en el hoyo que han cavado, claman: "Ay, auxilio, Diosito, sácame de esto". Claro que Dios puede sacarte de la angustia, pero te pide sabiduría para administrarte en todo, incluyendo las finanzas.

¿Cómo podemos mejorar en eso? También atendiendo las pequeñas cosas. ¡Cómete una hamburguesa de un dólar, no la langosta de cincuenta dólares! Y si no tienes, pues cómete con gusto los frijolitos de olla, pero no adquieras deudas. Apégate a un presupuesto. Dios nos dice que seamos previsores, que calculemos, que planifiquemos en pareja para un futuro mejor[7].

Planificar es la mejor decisión

Siempre pregunto a los esposos: "¿Quieres darle seguridad a tu esposa y que te respete?". La clave es no tomar decisiones económicas sin tomarla en cuenta. Ella quiere respetar a su esposo, pero el peor enemigo del respeto es la arrogancia del hombre al creer que todo lo puede hacer solo, sin el respaldo de su socia y colaboradora. Voy a compartir contigo uno de mis secretos: calculo cada gasto a diez años. Si ahora gastas cincuenta dólares en televisión por cable, pero puedes gastar solo veinte, ahorras treinta al mes. ¡Multiplica ese ahorro por diez años! Tendrías tres mil seiscientos dólares que puedes invertir. Imagina cuántas vueltas le

---

[7] Lucas 14:28

puedes dar a tu dinero siendo previsor. Entonces, evalúa tus prioridades, ¿quieres más estabilidad económica o quieres televisión por cable?

Si tu plan de celular es de cien o ciento cincuenta dólares mensuales, cámbialo por uno de treinta o de cincuenta dólares. Si te ahorras cien dólares al mes, son doce mil dólares en diez años. ¡Eso es un montón de dinero! En Estados Unidos ganamos bien; el problema es que administramos mal. Los estadounidenses aman a la gente hispana en este país. ¿Sabes por qué? Porque los hacemos millonarios. No sabemos administrar nuestro dinero ni invertir, por eso siempre trabajamos para ellos. Debemos mejorar como administradores porque somos gente que trabaja duro, que se esfuerza y está dispuesta a cualquier sacrificio con tal de superarse. Entonces, valoremos cada dólar que nos cuesta tanto ganar.

> **NO SOLAMENTE TRABAJAR PARA OTROS, SINO AHORRAR. AGUÁNTATE UN POCO PARA DARTE UN GUSTO O HACER UNA INVERSIÓN**

Debes aprender a ahorrar, tener una mentalidad diferente respecto al dinero. No solamente trabajar para otros, sino ahorrar. Aguántate un poco para darte un gusto o hacer una inversión. ¿Tú sirves al dinero o el dinero te sirve a ti? El punto de partida para que las finanzas no sean un problema en el matrimonio es hacer un presupuesto, y el punto de partida para hacer un presupuesto es reunirse y ponerse de acuerdo. Es sumamente importante que ambos anoten sus necesidades y prioridades.

La mujer debe tener voz en la elaboración de ese presupuesto. De lo contrario, no sería justo. Incluso deben considerar un ingreso para ella si es que se queda en casa administrando el hogar, porque ese es un trabajo de tiempo completo que merece pago. Así ella también tiene un ingreso para sus gastos y no tiene que andar pidiéndote cada vez que necesita algo para ella. Recuerda que no es tu hija, ¡es tu esposa!

Un sistema que yo siempre aconsejo a los matrimonios, si se manejan con efectivo, es el de los sobres. Con este sistema van guardando el dinero que utilizarán para cada cosa que deben pagar. Pueden tener un sobre para el alquiler, uno para el supermercado, otro para combustible, el mantenimiento del vehículo, las vacaciones, etc. Cuando reciban su salario, guardan en cada sobre lo que necesitan. Por ejemplo, si de celular deben pagar cien dólares al mes, cada semana guardan en el sobre veinticinco dólares; al final del mes ya tendrán completo el dinero para pagarlo. Este sistema nos ayuda a organizarnos y asignar los recursos de forma estructurada, conforme a las prioridades de la familia.

El objetivo no es añadir más presión a la vida de pareja. Al contrario, al hacer un presupuesto se ordenarán y reducirán tensión. De esa forma tendrán un ahorrito, eliminarán sus deudas, saldrán del pozo de la desesperación. Si ahorran será posible hacer inversiones, comprar una casita, y hasta ¡ir de vacaciones! Ya no dependerán de la tarjeta de crédito, o si la usan, la pagarán al contado antes de que comiencen los cobros de intereses. Entonces, podrán decir: "Fuimos capaces de ordenarnos por el bien de nuestra familia". Con ese logro, ambos ganan. El deseo de todo hombre proveedor se ve cumplido, y la esposa podrá decir: "¡Wow!, lo hicimos juntos. Somos un equipo, lo logramos". La mujer necesita seguridad. Si no hay presupuesto, no hay seguridad.

El hombre necesita respeto. ¿Cómo se ganará ese respeto? Siendo ordenados financieramente al ponerse de acuerdo.

Otro consejo que siempre doy es que no es saludable depender de dos sueldos. No estoy diciendo que estoy en contra de que ambos trabajen, pero si ambos trabajan, el sueldo de la otra persona se debería tratar de utilizar para gastos como vacaciones, ahorros, alguna meta económica que tengan a futuro. Creo que la mejor opción es vivir con el salario de uno de los cónyuges, porque si dependemos de dos salarios se genera mucho estrés cuando uno de los dos pierde su empleo. Mi sugerencia es trabajar y tener una fuente de ingreso para un presupuesto. Podría ser necesario que se venda un auto o vivan en otra casa, "apretarse" por un tiempo, pero luego verán las ventajas. Que los dos trabajen puede funcionar durante cierta época, cuando estén pagando deudas, por ejemplo, o cuando piensen en algún proyecto específico como comprar casa o remodelar. La idea es que ese doble ingreso sea solamente por una temporada y que no dependan de ello.

Todo tiene que ver con el enfoque de ambos

En las finanzas, como en todas las demás áreas, atacar a la otra persona no funciona. Lo mejor es que ambos se enfoquen en redirigir su energía para salir de la situación más fuertes y unidos que nunca. Es imposible lograr un matrimonio unido con dos mentes que piensan diferente respecto a las finanzas. Un ser con dos cabezas es antinatural, por eso hay que recordar que ya no son dos, sino que son uno para todo. Entiendo que cuando escuchamos la palabra presupuesto a veces nos da escalofrío, porque nos gusta tener dinero y libertad para usarlo como nos dé la gana, y pensamos que el presupuesto nos robará ese privilegio. Sin embargo, la planificación financiera es la mejor amiga que pueden tener porque les ayudará a saber cuánto realmente necesitan gastar o invertir cada mes, a partir de un historial de sus hábitos de compra y pagos. Recuerden que un presupuesto funciona si somos honestos sobre cuánto ganamos y cuánto gastamos. Para que rinda frutos, debemos estar dispuestos a trabajar con números detallados y correctos.

Cinco pasos para desarrollar un presupuesto básico:

1. Hagan una lista de sus gastos mensuales: alquiler de vivienda, pago de automóvil, seguros, alimentación, servicios básicos, gastos personales, gastos por recreación, transporte, estudios, ahorros, etc. Anoten todos sus gastos.

2. Sumen el total de esos gastos.

3. Hagan una lista de todos sus ingresos y súmenlos. Si el dinero que ganan es más de lo que gastan están en una buena posición.

4. Si sus gastos son más que sus ingresos significa que están gastando demasiado y deben hacer ajustes.

5. Hagan un análisis detallado de los gastos y decidan cuáles pueden recortar. Quizá por un tiempo deban limitar sus salidas a comer, cancelar cierta membresía o no puedan darse ese gustito del café favorito fuera de casa, pero son sacrificios que rendirán frutos.

Al final del primer mes que vivieron con un presupuesto, aparten tiempo para dialogar sobre el resultado y tomen decisiones sobre los ajustes necesarios, porque habrá que hacer ajustes. Puede ser que deban recortar más gastos o buscar otra fuente de ingresos. La idea es que ese presupuesto les ayude a visualizar el futuro para que ya no tengan que discutir constantemente sobre el dinero.

Más consejos respecto al presupuesto:

1. Si trabajan por comisión y reciben algún bono de temporada, sean sabios y previsores. Utilicen ese dinero en pagar deudas o ahorrar, no para gastar más.

2. Lo mejor es que dejen de utilizar tarjetas de crédito para aprender a vivir con lo que realmente tienen. La tarjeta de crédito miente y nos dice que tenemos dinero cuando no

es así. Si deciden usarla, deben pagar el saldo completo
cuando llegue el estado de cuenta.

3. Si notan que están gastando demasiado en algo, siéntense
   con tranquilidad y busquen soluciones juntos.

4. Cuando logren que sus ingresos sean más que sus gastos,
   ahorren todo el dinero extra para tiempos de necesidad.

5. Si continúan con un presupuesto fuera de balance, donde
   sus gastos son más que sus ingresos, deben decidir qué
   gastos recortar o cómo generar más ingresos, siempre enfocados en luchar juntos, no uno contra el otro.

¿Cómo distribuimos los gastos del hogar?

- Si están pagando más del 30% de su ingreso en hipoteca
  o alquiler de vivienda, les recomiendo que busquen redu-
  cirlo alquilando o comprando un lugar más económico.

- Nuestra segunda necesidad es el transporte que no debe
  significar un gasto que tome más del 15% del ingreso, lo
  que incluye el pago de la gasolina y el mantenimiento del
  vehículo. Si no tienen cuota de pago por la compra del vehículo, están en una muy buena situación.

- Si el presupuesto lo permite, el 10% del ingreso debe aho-
  rrarse. Si ahora están pagando deuda, cuando terminen de
  pagar, el ahorro debe ser prioridad.

- Gastos mensuales de alimentación, recreación y entreteni-
  miento, ropa y zapatos, vacaciones, servicios básicos, etc.,
  deberían cubrirse con el 25% de los ingresos.

El presupuesto no se hace para esclavizarnos o dominarnos. Al
contrario, ya verás que al elaborarlo ambos comenzarán a sentir alivio porque encontrarán el camino a la libertad que necesitan y merecen, luego de superar la frustración de los problemas

económicos que son lo que verdaderamente esclaviza. El presupuesto les dará la tranquilidad que están buscando.

Hasta que la deuda nos separe

Es urgente hablar del gran demonio de la deuda que parece haber invadido los matrimonios y desea destruirlos. Parece que se metió silenciosamente en el hogar y los esposos lo están sirviendo sin saber que es un espíritu maligno. Alguno me preguntaría: "Freddy, ¿por qué le llamas demonio a la deuda?". Porque en las Escrituras leemos que los demonios son muy posesivos; cuando toman un cuerpo, no le dan libertad. Si somos honestos, muchos de nosotros somos esclavos de las deudas que se han apoderado de nuestra vida. No conozco algo más cruel para el matrimonio que el demonio de la deuda que robará sus sueños y sus recursos, causará muchos problemas de pareja y con la familia porque, muchas veces, ellos son quienes prestan el dinero.

Nunca fue voluntad de Dios que las deudas fueran esa pesada y permanente carga que nos aflige, pero nos hemos acomodado y nos hemos familiarizado con ese demonio a tal punto que ya lo hicimos parte de nuestra vida, pero no debe ser así. Si decides echar fuera a ese esclavizador, te garantizo que no lo extrañarás, al contrario, aliviarás una de las cargas más pesadas que has puesto sobre tu matrimonio y que los ha limitado durante tanto tiempo. Tramitar un crédito para comprar una casa no está mal. Lo que no recomiendo es que la pareja viva pidiendo prestado porque se están esclavizando a otros, y el matrimonio no puede vivir encadenado a deudas, ya que está diseñado para que marido y mujer caminen libres tomados de la mano y guiados por Dios. Pero no te preocupes, la deuda se puede solucionar con el presupuesto. Con esa estrategia se domina al demonio que esclaviza y seremos nosotros quienes le pongamos las cadenas que lo mantengan atado y bajo control.

La deuda es un demonio tan sutil que trata de meterse entre la pareja incluso antes de que se casen. Durante los preparativos de la boda, ahí está ese intruso motivándolos a gastar hasta lo que no tienen por aparentar que sí tienen dinero para una ceremonia lujosa fuera de su alcance. Entonces, piden prestado y esclavizan su futuro a cuentas por pagar que generan tensión y pleito. Ese monstruo se alimenta con falta de planificación. He visto muchos matrimonios en situaciones lamentables por esta situación. Recuerdo el caso de una pareja que llegó a mi oficina. El esposo se veía deprimido y enfermo.

—Pastor, estamos ahogados con las deudas de la tarjeta de crédito—me dijo con una voz cansada, luego de dejarse caer en el sillón como si tuviera el peso del mundo encima.

—¿Cuánto deben? —Les pregunté sin imaginar la cantidad que me dirían.

—Cincuenta mil dólares —me respondió él casi susurrando.

—¿Qué? ¡No puede ser! ¿En qué gastaron tanto dinero?

—Yo no sabía que ella estaba usando esas tarjetas—explicó, viendo a su esposa que lloraba desesperada.

—No eran compras grandes, pastor, las usaba para pagar el supermercado, alguna salida con los niños, la ropa para la escuela, cositas así —me explicó ella entre lágrimas.

Lo que sucedió es que ella solo daba el pago mínimo cada mes y la deuda se fue acumulando sin que ellos se dieran cuenta. Cuando topaban una tarjeta, simplemente comenzaban a utilizar otra, hasta que no pudieron más con los pagos. El uso de las tarjetas de crédito es muy delicado y lo mejor es evitarlas. No gastes dinero que no tienes y ponte de acuerdo con tu pareja para pagar sus deudas lo antes posible. Al planificar el pago, comiencen por cancelar la más pequeña. Cuando la terminen, ese dinero lo usan para sumar más pago a la siguiente deuda, así van escalonando y terminarán más rápido de saldar todo.

Suele suceder que las parejas se preguntan: "¿Qué le pasó al dinero que ganamos? ¡Otra vez nos quedamos sin nada antes de fin de mes! Nos matamos trabajando y no avanzamos". De nuevo, la respuesta está en el presupuesto. Si elaboras uno con tu cónyuge, verán hacia dónde se va su dinero. Al principio sentirán que es una tarea agotadora, como cuando van al gimnasio por primera vez, pero poco a poco se van fortaleciendo y pueden exigirse más. Conforme se acostumbren a sujetarse a un presupuesto, tendrán más ordenadas sus finanzas y avanzarán hacia un futuro prometedor para su familia.

Tarea

Tómense el tiempo como pareja para hacer una tabla de presupuesto similar a esta. Puedes encontrar otros modelos online, gratis. Sea como sea que lo hagas, online o aquí, la clave es ser honesto contigo mismo respecto a tus finanzas.

Mi ingreso este mes

Ingreso	Total
Pagos (salarios después de los impuestos, beneficios y tarifa de cobro de cheques)	$
Otros ingresos (después de los impuestos). Por ejemplo: manutención de hijos.	$
Total de ingresos mensuales:	$ 0.00

Mis gastos de este mes

	Gastos	Total
HOGAR	Renta o hipoteca	$
	Seguro de la renta o de la propiedad	$
	Servicios (electricidad y gas)	$
	Internet, cable y teléfono	$
	Otros gastos del hogar (como impuestos de la propiedad)	$
COMIDA	Mercado y provisiones	$
	Comidas fuera	$
	Otros gastos en comida	$
TRANSPORTE	Transporte público y taxis	$
	Gasolina	$
	Estacionamientos y peajes	$
	Seguro del carro	$
	Préstamo para carro	$
	Otros gastos en transporte	$

Gastos	Total
SALUD	
Medicinas	$
Seguro médico	$
Otros gastos en salud (citas médicas y optometría)	$
PERSONALES Y FAMILIARES	
Cuidado de los hijos	$
Manutención de los hijos	$
Dinero dado o enviado a familiares	$
Zapato y ropa	$
Lavandería	$
Donaciones	$
Entretenimiento (como cines, parque de diversiones)	$
Otros gastos personales o familiares (como el salón de belleza)	$
FINANZAS	
Tarifas por cambios de cheque y transferencias bancarias	$
Tarjetas de teléfono o trajetas prepagadas	$
Tarifas del banco o de tarjetas de crédito	$
Otras tarifas	$
OTROS	
Gastos escolares (como útiles escolares, mensualidad, préstamos)	$
Otros pagos (como tarjetas de crédito o ahorros)	$
Otros gastos del mes	$
Gastos totales	$ 0.00

$ 0.00   – $ 0.00   = $ 0.00

Ingresos   Gastos

Capítulo 6

RESOLVER CONFLICTOS

He discutido con mi esposa. Así es, no siempre estamos de acuerdo, pero hemos mejorado. De hecho, conforme los años pasan, nos hemos integrado como un equipo que funciona muy bien, seguramente porque hemos madurado, especialmente yo, porque ella siempre ha sido más juiciosa, calmada y enfocada. Sin embargo, no han sido pocas las veces en que la he sacado de esa zona de paz donde generalmente se encuentra. Cierta vez, yo la regañé porque ella había tenido reunión con las damas de la iglesia y no había regresado a la hora que me dijo. ¡¿Qué tal ese esposo?!

Te lo comento con mucha pena, porque ahora veo lo terrible de mi comportamiento con ella. Por supuesto, en ese momento no lo veía. Y es muy común que eso suceda. Nos acostumbramos a actuar de cierta forma y no vemos el error que estamos cometiendo. En mi caso, ahora que lo analizo, veo que mi actitud era consecuencia de ese sentimiento de abandono con el que crecí. Para mí, que ella se fuera con su mamá, con sus amigas o con las señoras de la iglesia y me "dejara solo", me hacía volver a vivir esa sensación de rechazo que guardaba en lo más profundo de mi corazón. Ellie no me hacía algo malo, no me rechazaba, no le daba más importancia a otras personas o tareas. Simplemente, yo me sentía mal y debía hacer algo para sanar esa herida que me seguía lastimando.

Pero sigamos con la historia. Cuando Ellie llegó, me encontró enojado. Le reclamé, le dije que debía volver a la hora que decía porque yo la estaba esperando; luego, como era mi costumbre, me alejé y la dejé sola. Yo siempre digo que me alejo para tranquilizarme y buscar una mejor forma de solucionar la situación, pero no siempre es así. La verdad es que en ese momento me alejaba porque me encontraba en un callejón sin salida. Sin intención, Ellie derribaba mis argumentos, o más bien, Dios me ponía en mi lugar, así que no me quedaba otra que dar un paso atrás y retirarme, no sin antes dar un par de zarpazos como animal herido. Buscando recoger mis pedazos de orgullo, gritaba más fuerte o de alguna forma mostraba mi lado macho para que ella supiera "quién mandaba en casa". Ahora que lo escribo, realmente me doy pena. En fin, ya es tema superado.

Pues esa vez que discutimos y me alejé lo más dramáticamente que pude, no llegué muy lejos porque me dio pereza salir de casa y me quedé en la sala. Encendí el televisor, fui por un café a la cocina y me acomodé en mi sillón favorito. Estaba molesto, frustrado conmigo mismo, cambiando los canales con desgano, sin realmente poner atención a lo que aparecía en la pantalla, cuando escuché que Ellie lloraba. No era un llanto escandaloso, más bien era un sollozo que no llegaba ni a murmullo, pero del que se le escapó un resuello. ¡Me desarmó! ¿Cómo podía estar yo ahí tan tranquilo —realmente no estaba taaaan tranquilo— si mi amada esposa lloraba porque ¡yo la había lastimado!?

Me sentí una cucaracha, la más asquerosa que puedas imaginar. Eso somos los hombres cuando hacemos llorar a una mujer. Me levanté y caminé hacia donde ella estaba. Antes de entrar a la habitación, me quedé en la puerta intentando escucharla, pero solo alcancé a distinguir su respiración. Entonces, avancé un poco más y me quedé parado en el marco de la puerta. Ella estaba escribiendo en un cuaderno que siempre le había visto junto a su Biblia.

Cuando sintió mi presencia, rápidamente lo cerró y se dio la vuelta para evitar que yo la viera. Secó sus ojos y arregló su cabello. Pero cuando me acerqué a ella y puse mis manos sobre sus hombros, no pudo contenerse y escuché de nuevo su llanto. Como si algo me hubiera empujado, la abracé. Quería que dejara de llorar, quería retroceder el tiempo y no haber discutido. Lo que yo más anhelaba era hacerla feliz y estaba fracasando en el intento.

—Ellie, por favor, perdóname.

—No te preocupes, yo también perdí el control.

—No, no, tú siempre buscas cómo disculparme, pero me equivoqué.

Ellie volteó y pude ver sus hermosos ojos nublados por las lágrimas.

—¿Sabes, Freddy? Lo que realmente me duele es que me tratas como si fuera tu hija, no como lo que soy, tu esposa.

¡Ohhh! Esas palabras partieron en dos mi mente como si un rayo me hubiera atravesado. Ellie tenía razón. En mi arrogancia de creer que todo lo sé y que todo lo puedo resolver, la hacía menos. No me refiero a que uno haga menos a sus hijos, sino que yo trataba a mi Ellie como una niña incapaz de tomar decisiones, cuando ella es una mujer fuerte y sabia que más de una vez me ha rescatado de situaciones en las que no sé qué hubiera hecho sin su consejo y apoyo. ¡Yo debía mejorar mi comunicación para resolver conflictos con la persona en quien más confío en el mundo!

Minuto a minuto

Me gusta comparar nuestra vida con una casa edificada con ladrillos. Cada decisión es un ladrillo. Durante días, semanas, meses y años tomamos pequeñas decisiones que van construyendo algo. A veces los ladrillos no quedan bien asegurados o no son buenos ladrillos, así que la construcción no es firme, de buena calidad. Si no corregimos a tiempo ese defecto que vemos en la construcción, podría ser que se derrumbe o que, con los años, tengamos que reparar aquí y allá con tal de que continúe de pie la casa que construimos mal. Así que lo mejor es tomar los mejores ladrillos —decisiones— para construir una casa —una vida— sólida que brinde protección a quienes amamos. Dentro de esa casa hay habitaciones. Nuestro matrimonio es una de las más grandes y espaciosas, ¿qué habitación sería? Define tú: el dormitorio principal, la cocina, la sala o quizá todo ese nivel donde están las columnas que sostienen la construcción.

Pues imagina lo importante que es construir nuestro matrimonio con los mejores ladrillos, poniendo con gran cuidado uno a uno, viendo que queden bien cimentados y firmes. Eso me gusta visualizar para comprender que nuestro matrimonio se construye con pequeñas decisiones que vamos tomando día a día, minuto a minuto. Por eso, no es posible imaginar que algún problema se solucionará rápido y que le daremos vuelta a la situación en segundos, porque ha sido algo que se ha construido poco a poco y con esa misma paciencia se debe corregir. Sobre esto hablamos detalladamente en el primer capítulo del libro, pero lo retomo porque es importante tenerlo en mente, así como todo lo que ya hemos visto sobre la comunicación. ¿Cómo se saludan, cómo se tratan? ¿Con gracia o con rudeza? Ese beso antes de salir, esa comida caliente, esa sonrisa, esa flor, esos detalles son los que cuentan. Cada acción te lleva en una dirección, es un ladrillo que edifica o que destruye. Tu matrimonio es como tu capital económico que no se forma con una herencia que recibes y que te resuelve la vida, sino que se va formando con el ahorro o inversión que realizas diariamente. Lo que hacemos minuto a minuto es lo que

CADA ACCIÓN TE LLEVA EN UNA DIRECCIÓN, ES UN LADRILLO QUE EDIFICA O QUE DESTRUYE

cuenta en nuestra relación y nos ayuda a enfrentar sabiamente los conflictos que inevitablemente aparecen.

Respecto a esto de los conflictos, hay una broma que siempre comparto con los matrimonios que se acercan a consejería. Pensemos que Dios y Adán tuvieron esta conversación cuando Eva iba a ser formada:

—Te gustará, ella huele diferente y se ve diferente; su cabello largo te encantará. Cuando estés cansado te hará masaje en los pies y en los hombros; cuando llegues de ponerles nombre a todas las especies, ella tendrá tu comida lista, con tortillas recién salidas del comal; ¿qué te parece?

—¡Dios, me parece espectacular!—, respondió Adán emocionado.

—Espera, hay más. Luego de tu comida, te llevará café y pan dulce mientras ves televisión. Luego de lavar los platos, se sentará a tus pies para satisfacer cualquier necesidad que tengas.

—¡Maravilloso! ¿Qué tengo que hacer para que formes a esa mujer tan especial?

—Solo acuéstate para que te quite la pierna y el brazo derecho.

—Mmmm…, es demasiado, ¿qué me darías a cambio de una costilla?

Así que es culpa de los hombres que la mujer no sea lo que Dios tenía planeado y que surjan tantos conflictos en el matrimonio. ¡Nooooooooo!, es solo una broma.

La verdad es que una mujer que se siente amada y segura hace todo eso y más. A lo que quiero llegar es que ambos, hombres y mujeres, somos seres superiores, ninguno es más que el otro. Simplemente cumplimos diferentes asignaciones, de acuerdo con el orden establecido por Dios. Comprender que cada uno tiene su responsabilidad nos evitará muchos conflictos, pues antes de reclamar algo, reflexionaremos sobre la validez de lo que exigimos o esperamos que el otro haga.

Nunca olvidemos que la principal herramienta de una mujer son sus palabras[1]. Hablando se conectan emocionalmente y también hieren profundamente. Ellas saben qué palabras usar para presionar esos botones que provocan las reacciones que esperan. Además, hemos descubierto que el arma del hombre es desconectarse. Por eso, Dios nos pide a los esposos vivir sabiamente con nuestra esposa[2]. Significa que no nos desconectemos con los videojuegos, los amigos, el trabajo o los deportes; que no la ignoremos, sino que convivamos con ella, dándole honor como a vaso frágil. Tener claros estos rasgos también logrará que seamos más comprensivos para actuar con amor y evitar conflictos.

¿Ves? Cada uno tiene sus obligaciones, sus atribuciones, pero sin conexión es imposible una buena relación. Esa conexión se construye minuto a minuto. Fuimos creados para ayudarnos, no para ser llaneros solitarios[3]; por eso vivimos en pareja y en comunidad. Necesitamos entendernos, no solamente vivir juntos. Debemos ser parte del mismo mundo, no solo decir: "Ya me ofendiste, ahora arréglate tú, haz lo que te dé la gana". ¿Qué hemos visto y procurado Ellie y yo? Sanar nuestro corazón para trabajar en una relación funcional. Lo hemos logrado al ser humildes y ofrecer respeto, tal como Dios dice que debemos hacerlo[4].

Al bajar la guardia y suavizar nuestra postura, la otra persona también empieza a bajar la guardia y a recuperar la confianza. Siente que ya no tiene que estar a la defensiva por el temor y la frustración. Donde hay confianza, hay transparencia y podemos mostrarnos vulnerables para fortalecer nuestra intimidad. No solamente hablo de la intimidad de una relación física, sino de esa complicidad

---

[1] 1 Pedro 3:1
[2] 1 Pedro 3:7
[3] Génesis 2:18
[4] Efesios 5:21

que empieza con el entendimiento mutuo. Fortalecernos y disfrutar como pareja es vital porque los buenos momentos que vamos atesorando son los que nos ayudarán a mantener la perspectiva correcta en tiempos difíciles y de conflicto. Es más fácil superar un desacuerdo cuando vemos a la otra persona como alguien que nos ama y en quien podemos confiar, no como un enemigo a quien debemos derrotar. También es importante recordar que todos cometemos errores y somos vulnerables, por lo que en algún momento necesitaremos perdonar y también ser perdonados.

Declara la paz, no la guerra

En un mundo ideal, las parejas se conocen, se enamoran, se casan y viven felices para siempre. En el mundo real, las parejas se conocen, se enamoran, se casan, se desilusionan, se pelean, se reconcilian, se vuelven a pelear, se reconcilian de nuevo y así viven para siempre si no deciden hacer cambios para ponerse de acuerdo. En medio de ese "tira y encoge" que suele suceder en el matrimonio, hay mucha frustración que cada uno maneja a su manera. La mujer se lamenta: "No lo puedo cambiar, he tratado, pero no puedo". Entonces, ataca con sus palabras. El ataque del hombre es hacerla sentir culpable con el silencio. Pero una mujer necesita alguien que llene ese vacío emocional que siente, y regañarla no ayuda. Si un esposo le grita a su esposa: "¿Por qué siempre estás llorando? No te entiendo", solo está haciendo más grande el vacío.

Dios intenta proteger a la mujer al decirle al hombre que la trate como vaso frágil, pero ¡cuidado! Frágil no es sinónimo de débil. En el tiempo en que Dios inspiró ese consejo en la Biblia, había una enorme injusticia porque al hombre no se le castigaba por el adulterio, pero a la mujer se le apedreaba hasta morir. Por eso se pide honra para la mujer. Además, recordemos que Dios dice al esposo que trate bien a su esposa para que sus oraciones no tengan estorbo. Dicho de otra forma, el estorbo de las oraciones del esposo es el maltrato que le dé a su esposa. ¡Imagina el estorbo que tenían mis oraciones por el trato rudo que le daba a mi esposa! Frente a este panorama de guerra en el hogar, **el error más grande que podemos cometer es amargarnos y querer tirar en la cara lo que la otra persona hace mal**. Lo mejor es preguntarnos qué podemos cambiar nosotros para mejorar. Ambos, esposo y esposa, tenemos una responsabilidad en nuestro matrimonio: construir con ladrillos de paz nuestro hogar, no con ladrillos de guerra que derrumbarán todo.

Recordemos que el matrimonio no se edifica con cosas grandes, sino con lo que hacemos cada día. ¿Qué está pasando diariamente en tu matrimonio? ¿Ya definieron ese día especial a la semana cuando tendrán un tiempo solo para ustedes? En mi caso, decidimos que el martes sería el día especial con mi esposa. Antes era el día de consejería en la iglesia y yo llegaba mental y físicamente agotado a casa, así que cambié esa rutina para darle prioridad a ella y tener un tiempo para disfrutar juntos. Los martes tenemos una cita romántica, vamos de compras y a cenar a nuestro restaurante favorito, o simplemente caminamos por el parque, hacemos algo que nos gusta a los dos. Puedes ver que son detalles pequeños, no son enormes cosas, pero lo cierto es que cada día las decisiones y las palabras están edificando o derrumbando un matrimonio. Cada decisión, cada buen trato o maltrato es un ladrillo. Tu matrimonio vive y se alimenta de esos momentos de cuidado e interés mutuo.

Convendría que la esposa pensara cuál es el día más agotador de su esposo para tomar decisiones con base en ese dato. Me parece que el mejor tiempo para hablar con él sobre algún tema delicado no es ese momento en el que llega cansado, sino el sábado por la mañana, cuando toma su desayuno favorito. Temprano en la mañana, ella podría levantarse y dejarlo dormir un poco más. Va a la cocina y le prepara esos chilaquiles refritos que tanto le gustan; cuando escucha que él se ha levantado, ella alista el café para que esté calientito. Entonces lo llama: "Amor de mi vida, campeón, ya te tengo tu desayuno. Preparé el frijol con el molino que me regaló tu mamá". ¿Imaginas esa escena? Creo que no hay algo que le digas en ese momento que lo moleste o no hay algo que le pidas que no te dé. Con esa actitud no hay conflictos sino buen tiempo de parcja.

También puede ser que toda la semana la esposa guarde sus emociones y frustración, y le escriba una carta que le entregue el sábado: "Eres el amor de mi vida, me casaría contigo de nuevo porque ha sido mi mejor decisión. Eres excelente padre y proveedor, quisiera saber si me podrías ayudar con (le anota lo que necesita). Te amo con todo mi corazón, lo que decidas, lo respaldo". Es más, ¿qué tal si la esposa ora antes de escribir esa nota? Por ejemplo: "Señor, mis palabras solo llegan a cierto punto en el corazón de mi esposo, pero tus palabras llegan más allá". Yo sé que las esposas saben cómo enamorar con su conducta. No es por echarle demasiadas flores a mi Ellie, pero la verdad es que ella es muy sabia para utilizar esas estrategias y le funcionan. Sé que todo es producto de su íntima comunicación con Dios.

Debo ser sincero y compartir una estadística que me duele como hombre. Cerca del 90% de los matrimonios que fracasan durante los primeros cinco años se debe a fallas del esposo. Es un buen dato que vale la pena tomar en cuenta. Como decimos en México: "La regamos con nuestro mal genio". Cometemos el error de mantenernos malhumorados y distantes. Nosotros somos más fuertes y debemos tratarlas con delicadeza. Cuando mi esposa llega con las provisiones del supermercado, pide a nuestros hijos varones que la ayuden, no a nuestra hija, porque ellos pueden cargar más peso que ella. Los varones tenemos mayor peso de responsabilidad en ciertas áreas y no debemos poner más carga sobre nuestra esposa.

Un esposo le pone un ladrillo adicional a su esposa cada día si piensa: "Ella aguanta mis infidelidades, abusos, vicios. Gasto más en licor que en mis hijos, pero ella aguanta". ¡Es un gran error! Creemos que los detalles diarios no afectan, pero son los que más influyen en un matrimonio y un hogar. Luego de portarnos como cavernícolas, los hombres nos arrepentimos por cortar el corazón de nuestra esposa en un millón de pedazos. A mí me sucedió, yo no estaba haciendo mi parte en el hogar como el varón de la casa. Mi crianza fue diferente a la de mi esposa y eso nos afectó mucho, hasta que yo tomé conciencia de esa situación, o más bien, hasta que el Espíritu Santo me dio discernimiento y pude corregir mis errores.

Nosotros esperamos que la mujer cargue y aguante. Ella es fuerte, sí, pero puede quebrarse. Lo peor es que esos cristales rotos podrían cortarnos, así que ojo con la forma de tratarla. Mi esposa estalló cuando llorando me dijo: "Yo no soy tu hija, soy tu esposa". ¡Tenía toda la razón! Yo no tenía derecho a regañarla, pero a los hombres, a veces, se nos olvida moderarnos cuando nos frustramos, y terminamos alzando la voz, reprendiendo, cuando nuestra esposa es nuestra compañera de equipo, nuestra mejor aliada, carne de nuestra carne.

Cuando las parejas se acercan a consejería, yo les explico a las damas que es su conducta, no su palabra, la que puede obrar en su esposo, y le recuerdo a los caballeros que nada se arregla alzando la voz o evadiendo, de modo que los motivo a cultivar sabiamente su relación. Me sorprende el enorme esfuerzo que hacemos por organizar una ceremonia de lujo para la boda, pero luego ya no

hacemos el mismo esfuerzo por vivir un matrimonio de lujo. Las cosas más hermosas de
la vida no se edifican con tus manos, sino con
tu corazón. Demuestra tu amor a través de
tu trato cariñoso y servicial. Recuerda que la
boca solo habla del tesoro que hay en el corazón. Si tu pareja "te saca el enojo" es porque

RECUERDA QUE LA BOCA SOLO HABLA DEL TESORO QUE HAY EN EL CORAZÓN

eso tienes en el corazón y lo revelas, así que debes trabajar en ti
para que tus acciones y reacciones edifiquen, no destruyan; que
busquen la paz, no la guerra.

Matrimonios a prueba de fuego

Permíteme contarte un poco de mi historia. Mis padres se conocieron en Jalisco, México. Era el tercer matrimonio de mi mamá
y el primero de mi papá. Ahora tengo una increíble relación con
ambos, pero mi infancia no fue fácil y mi concepto de familia no
era precisamente el ideal cuando me casé. Mi papi se vio obligado a
salir de México hacia Estados Unidos y luego mi mamá lo alcanzó.
En Estados Unidos nacimos mi hermano mayor y yo. Soy el sép-
timo hijo de mi mamá. Pero el matrimonio de ellos tampoco funcionó. Entonces, mi papá inició otra relación y se mudó al norte de
California. Imagina que tengo trece hermanos y hermanas, aunque
solo un hermano de ambos padres. En la historia de Ellie y yo,
las cosas cambiaron porque aplicamos los principios de la Palabra
de Dios que sí funcionan para disfrutar de un matrimonio reno-
vado en amor y compromiso, donde hay fuego, pero de pasión, no
fuego que convierte en cenizas la relación.

Adán y Eva, los primeros seres creados, eran el retrato de la
perfección en el primer matrimonio. Todo marchaba bien, pero
después entró el pecado, entonces comenzó el conflicto. ¿No crees

que un poquito de Adán y Eva está en cada uno de nosotros? Pues resulta que ellos escuchaban la voz de Dios en el Jardín del Edén, pero como que se hicieron los sordos[5]. Así pasa, ¿verdad? Muchas veces, nos hacemos lo sordos y no queremos escuchar, porque consejo hay, ayuda hay, pero ignoramos lo que Dios quiere decirnos, las herramientas que nos da. ¡Hasta nos escondemos, como Adán y Eva, con tal de no aceptar el consejo! Somos como esos niños que se esconden para comer dulces o chocolates porque saben que sus padres les han advertido que no deben hacerlo. Y cuando los encuentran, en una esquina del armario, tienen la carita llena de chocolate y todavía se atreven a negarlo. Pues lo mismo sucedió en el Jardín del Edén hasta que tuvieron que aceptar su responsabilidad por haber comido del fruto del árbol del bien y del mal. No huyamos de nuestra responsabilidad frente a un conflicto. Es común que busquemos señalar a la otra persona y decir: "Todo es tu culpa", pero no es así. Adán hasta culpó a Dios: "La mujer que tú me diste…"[6].

Adán no quiso asumir responsabilidad, sino que apuntó su dedo hacia la mujer. Casi podría escucharlo decir "Yo estaba muy bien solo. Esta mujer no ha sido nada más que una pesadilla", como dicen algunos. Ahora te pregunto si esa actitud de víctima y de señalar a la otra persona te ha servido de algo. Seguramente no, porque al ocultarnos y negar nuestra responsabilidad evitamos ir a la raíz del problema, y así es como el amor agoniza hasta morir. ¿Qué hacer? Sigue leyendo…

---

[5] Génesis 3:8
[6] Génesis 3:12

Hay esperanza

Mi matrimonio no es perfecto. Hemos pasado etapas difíciles, especialmente porque ambos crecimos en hogares disfuncionales. Cuando decidimos casarnos, busqué un varón que me aconsejara y me pareció que mi futuro suegro era la mejor opción. Para nuestra sorpresa, un día que planificábamos la boda, se acercó a nosotros y nos entregó un paquete envuelto en papel aluminio con seis mil dólares y dijo a Ellie: "Esta noche ya no duermo en esta casa, me voy a separar de tu mamá. Esto es todo lo que puedo darles. Que tengan una buena boda. Nos vemos el día de la ceremonia". ¡Nos quedamos con la boca abierta!

Si hacemos un inventario, entre la familia de Ellie y la mía sumamos catorce matrimonios. Mi mamá y mi papá tienen cuatro cada uno; mi suegra y mi suegro, van por su tercer casamiento cada uno, así que tenemos amplia experiencia en uniones y separaciones. De ahí la pesadilla que vivimos durante nuestra boda. Nosotros ya superamos los diecisiete años de casados y tenemos cinco hijos. Por lo tanto, puedo decirte que hay esperanza, porque si Dios ha podido obrar en mi vida, mi hogar y mi matrimonio, sin duda puede obrar en todos. Siempre me preguntan, precisamente, eso: "Freddy ¿crees que hay esperanza para mi hogar?". Sí la hay, pero debes preguntarte si tú lo crees, porque no soy yo quien llega a tu casa todos los días y enfrenta los retos. Tú debes creer que hay esperanza, debes llegar a tu hogar con fe renovada y buena disposición para resolver los desacuerdos. Debes decirle no a la duda y sí al plan de Dios, a pesar de lo difícil que veas la situación.

No sé cuál es tu pasado, pero sé que vale la pena confiar en nuestro Dios, quien siempre ofrece más de una oportunidad y es capaz de obrar milagros en los hogares. Todos estamos en el mismo barco, nadie es perfecto, aunque quiera aparentarlo. Todos tenemos problemas y nos toca aprender a sobrellevar situaciones difíciles. Ellie y yo nos peleamos, somos humanos, vivimos en la misma casa, estamos criando a los mismos hijos y hay fricciones, claro que sí, pero enfocamos toda nuestra energía en superar los conflictos y con esfuerzo lo vamos logrando.

Yo tengo mal carácter, pero he aprendido a manejarlo para no herirla. Debemos enfrentar y resolver lo que venga, sin prolongarlo. Lo que se puede resolver en horas no debe durar años. En pareja, las cosas se deben decir y resolver rápido. Hay que "agarrar al toro por los cuernos", como decimos en México. Si ves a tu esposa incómoda o malhumorada, hay que preguntar con genuino interés: "¿Qué pasó, mi amor? ¿Qué te molesta?". A las esposas les pido que, por favor, respondan sin rodeos. No se escondan en la clásica respuesta: "No me pasa nada, qué me va a pasar". Entiendo el deseo de que su marido sea capaz de identificar la razón de su molestia, porque supuestamente las conoce, pero créanme cuando les digo que no es falta de cariño, simplemente es despiste. Los hombres no somos tan sensibles y observadores como las mujeres, así que hablen claro para encontrar rápido la solución.

Manos a la obra

Entonces, lo primero frente al conflicto es restablecer la conexión entre ambos. Si el esposo llega a casa y solo se suma a las demandas que la esposa debe cumplir, además de los hijos y el cuidado del hogar, ella no siente esa conexión que anhela. Si ella pregunta: "¿Cómo te fue en tu trabajo?", y la respuesta que recibe es un gruñido, esa frustración se va acumulando hasta que se convierte en algo grande. Conozco parejas que pasan días sin intimidad porque la molestia de ambos se va sumando y sumando hasta que un día se convierte en una semana, en un mes y, cuando menos lo imaginan, el abismo es enorme entre los dos. No hay nada peor que alejarse sin darse cuenta, solo por la inercia de la rutina de indiferencia. En esa situación sin intimidad, el hombre anda como loco, desesperado. Ya no sabe si comerse la alfombra, arañar las paredes o qué. Se convierte en un salvaje porque tiene necesidades insatisfechas; anda molesto y, por supuesto, no siente deseos de tratar amablemente a su esposa. Al contrario, busca venganza. Piensa: "No le voy a hablar bonito, no le voy a comprar nada, solo espero que me pida dinero y me las cobro".

En mi matrimonio sucedió algo así. Vivimos frustrados durante anos, pero yo cambié algo pequeño que realmente hizo la diferencia. ¿Qué hice? Tomé la iniciativa, me interesé por analizarla, descubrir qué era esa pequeña cosa que no estaba funcionando y ¡lo descubrí! Ellie necesitaba sentirse amada a través de mi servicio. Te lo dije antes, y lo enfatizo ahora porque fue un cambio importante para superar nuestros conflictos. Además, sé que también será una buena estrategia para tu matrimonio. Antes, en casa, todos éramos como cucarachas que corren a esconderse cuando se enciende la luz. Ahora pasamos tiempo juntos, nos ayudamos y salimos rápido del quehacer; así que cuando Ellie y yo nos quedamos solos, ella tiene energía para mí.

Con este consejo, a veces los esposos creen que les estoy robando su descanso, cuando realmente se los estoy dando como nunca lo han disfrutado antes. Te lo garantizo. Cuando limpiamos la cocina juntos, nos toma como veinte minutos. Al final, ese cambio pequeño hizo una gran diferencia en nuestro matrimonio, contrario a la época en la que estábamos bien "enrollados" en pleitos. Entiendo que ambos, marido y mujer, trabajan duro, se esfuerzan y eso no es malo, pero deben esmerarse en su relación tanto como en su trabajo. Busquen conexión y verán que un pequeño cambio hará una gran diferencia que reducirá los conflictos. Cada día que tu pareja te pide algo pequeño y no lo haces, pones un ladrillo más en ese muro que los separa.

Cuando el amor se enfría, ese deseo por abandonar el matrimonio o herir a la otra persona sustituye el deseo de amar. Entonces, ya no hay interés ni respeto. Ya no se dicen con amor "Por favor, deja el celular", sino que se lanzan un misil como de sesenta kilos: "¡APAGA ESA PORQUERÍA!". Así es como el enojo va ganado terreno. He descubierto que con algunas mujeres sucede algo muy particular. Al principio, cuando el esposo hace algo molesto, muestran su incomodidad porque quieren llamar su atención, pero con el paso del tiempo, si no las escuchan, buscan ir más allá y amenazar. El problema es que un hombre no reacciona bien cuando lo acorralan. Has visto que un animal acorralado es peligroso, lo único que quiere es huir y está dispuesto a lastimar con tal de lograrlo; por eso, los hombres acorralados no reaccionan bien.

En esa situación, vemos que dicen: "Mejor me voy con los compadres a tomarme unas cervezas, porque estar metido en la casa es horrible". Entonces la esposa sale corriendo: "¿A dónde vas?". Y se arma el zafarrancho cuando lo que ella realmente quería era atención. Lo mejor sería decirle: "Mi amor, me disculpo, no quería que te sintieras ignorada". ¡Ahhh!, pero no, los hombres somos orgullosos y no damos nuestro brazo a torcer. Si ella habla con aspereza es porque su esposo no la escucha, y la reacción del hombre es huir enojado porque siente que le faltaron el respeto. ¿Ven el círculo de ofensa y conflicto en el que se encierra la relación?

Si una esposa le grita a su esposo, sin duda él reacciona mal, pero gritar es una forma equivocada de buscar atención y, lamentablemente, solo genera el peor resultado. Ante los problemas sin resolver, ambos pierden, nadie gana. Por eso, necesitamos estar dispuestos a dar un paso atrás para identificar la verdadera causa del problema y pedirle a Dios que nos enseñe qué cosa pequeña se ha convertido en un patrón tóxico en nuestra relación.

La solución no es compleja: habla, busca la forma de hablar con tu pareja para reconectarse. Los patrones nocivos son predecibles y se pueden alterar para bien. Las parejas pueden interrumpir eso negativo que se ha convertido en costumbre y salvar su relación. Si lo que estamos haciendo no funciona, debemos parar de hacerlo y buscar nuevas acciones. La clave es identificar esos patrones de cosas pequeñas que nos han llevado a cosas tóxicas más grandes.

Dialoga sobre la situación y tus expectativas. Ya vimos que ambos deben ponerse de acuerdo en esto. A veces, con solo decir algo que el otro no sabía, nos ahogamos en un vaso de agua. Por eso, hay que ir de lo sencillo a lo más complicado. No asumas que el otro sabe todo y decide ignorar lo que te molesta. Piensa bien del otro, con gracia y amor. Concede el beneficio de la duda. Pídele a tu pareja que juntos respondan ciertas preguntas:

- ¿Durante cuánto tiempo has sentido falta de afecto en tu relación? Todos la hemos sentido alguna vez. El secreto es no prolongarla tanto que se vuelva peligrosa.
- ¿Qué expectativas tienes de tu cónyuge que no te satisface?
- ¿Sabe tu cónyuge sobre esas expectativas?
- ¿Se han puesto de acuerdo sobre esas expectativas? Seamos realistas: las expectativas deben cambiar en cada etapa de la vida. Con cinco hijos, mis expectativas son diferentes a cuando Ellie y yo vivíamos solos.
- ¿Qué factores estresantes afectan su relación y qué distracciones tienen ahora?
- ¿Están dispuestos a dedicar tiempo y energía para acabar con cualquier patrón tóxico?
- ¿Tienen claros los límites respecto al dinero, la relación con las familias de ambos?

- ¿Cuáles son los mejores rasgos de tu pareja? No te enfoques solo en lo negativo.
- ¿Cuáles son los mejores puntos de la relación, lo que los enamoró? Siempre necesitamos recordarlo y escucharlo uno del otro.

Responder juntos estas preguntas les ayudará a enfocarse en lo importante de su relación. Cuando aconsejamos a matrimonios, es común que la esposa diga lo bueno de su esposo antes de quejarse. Ella sabe que él es un buen padre, un buen trabajador, pero se siente sola. Ella sabe lo bueno y lo reconoce. Los hombres generalmente callamos. Ese es nuestro punto débil. Yo siempre le digo a Ellie, desde el fondo mi corazón: "Tú eres la única que cada día está más hermosa, eres mi mejor amiga, mi confidente, mi aliada. No tengo un compadre, un amigo más cercano que tú". Expresárselo me hace sentir bien a mí y la hace sentir bien a ella. Ellie tiene una amiga con quien platica mucho, y se siente extrañada porque su amiga le dice que no puede hablar con su esposo. En cambio nosotros sí hablamos como mejores amigos. En un buen matrimonio, las largas conversaciones se sienten cortas. Busca esa reconexión con el amor de tu vida.

Te perdono

En un matrimonio siempre hay algo que debemos perdonar. ¿Cuáles son las cosas que comienzan pequeñas y se vuelven grandes? ¿El estrés, los problemas económicos, los padres, los familiares, la salud, las agendas laborales? Los cónyuges deben afrontar juntos la tensión de la vida. De lo contrario, hay problemas a la vista. No se expongan al estrés innecesario. Cierta vez, una esposa me contaba: "Mi esposo compró un auto nuevo que yo estoy pagando. Me dijo que yo podía trabajar para eso, así que debo salir de casa y dejar a mis hijos". Ella no quería esa presión. Hay que ser sabios para establecer prioridades y apoyarse en busca del bien de ambos. De lo contrario, todo el peso recae sobre uno de los dos.

¿Dónde sienten presión porque la carga es más grande? Vean qué pequeño cambio pueden hacer juntos y háblenlo. Si la esposa trabaja para ayudar, pongan una fecha para que eso cambie; hagan un plan por etapas para llegar a ese objetivo, paso a paso. Cuando alcanzan esas pequeñas metas, se siente tan bien como si se comieran un chocolatito, uno de esos, tamaño *bite*, que te quitan el antojo de algo dulce. Se vale que se den una recompensa por los logros obtenidos. ¿Sabes de qué forma puedes recompensar a tu pareja? Estoy seguro de que sí lo sabes.

Ponerse manos a la obra en identificar los detalles tóxicos ya es un avance que envía un mensaje de amor y compromiso a tu pareja. Así que ¡vamos bien! No te desanimes.

¿Sabes qué es un golpe bajo para todos? La crítica destructiva, así que elimínala. Cuando tu pareja haga algo que te molesta, reacciona como Dios lo haría: con mucha gracia, amor y perdón.

Sin perdón, el matrimonio no funciona. Aceptar el compromiso de un amor nuevo y práctico que conoce a la otra persona y la ve con gracia es el primer paso para una relación con más intimidad y conexión. Mucho cuidado con las palabras que dices y cómo las dices. El que ahorra sus palabras tiene sabiduría[7] porque debemos escuchar más de lo que hablamos irreflexivamente. Suele suceder que hablamos demasiado y hacemos muy poco. Es bueno hablar palabras dulces, pero también

ES BUENO HABLAR PALABRAS DULCES, PERO TAMBIÉN HAY QUE ACTUAR EN FAVOR DE LOS CAMBIOS POSITIVOS

[7] Proverbios 17:27

hay que actuar en favor de los cambios positivos. Los cambios que parecen mínimos se convierten en grandes ventajas. Si el celular es un problema, ¿puedes dejarlo por una hora? ¿Puedes ayudar a tu esposa en algo pequeño en casa? ¿Puedes recibir a tu esposo con un beso?

Además, siempre es bueno buscar un mentor. Muchas veces, ya tienen la ayuda al alcance, pero deben pedirla: un hermano mayor, un padre, alguien que pueda aconsejarlos. Buscamos mentores en muchas áreas, en el trabajo, en las finanzas, pero tener un mentor en el matrimonio es importante. Muchos nos dedicamos a lo que hacemos: la construcción, la electricidad, la mecánica, porque alguien nos echó la mano para comenzar una profesión, pero no tenemos mentores matrimoniales porque nos da vergüenza pedir ayuda, ¡aunque la necesitamos! Por lo tanto, busca un mentor ahora mismo.

La clave para enfrentar y resolver conflictos es la comunicación en amor. Esposo, por favor, no bloquees a tu esposa, no cortes la comunicación sin resolver el conflicto. Tomen decisiones juntos. No es mejor pedir perdón que pedir permiso, no te equivoques. Ambos llenen su corazón de gracia y compasión para que se renueve esa llama de amor que los motive a decir: "Yo no puedo vivir sin ti".

Humildad para amar

¿Tu matrimonio llegó a un punto crítico? ¿Estás desesperado porque no sabes qué camino tomar? De corazón te digo que la solución es humildad. ¡Es mejor perder nuestro orgullo que perder nuestro hogar! Al hablar de humildad para reconocer que nos hemos equivocado, viene a mi mente la historia del hijo pródigo, un joven que volvió a su hogar y a su padre luego de despilfarrar la herencia que exigió[8]. Cuando este hijo decidió irse de su casa porque creía que se las sabía todas, tal como muchos jóvenes, seguramente se sentía víctima de las normas de su padre. ¿Sabes cuál es el problema de una víctima? Que jamás puede ser un vencedor, ya que no asume la responsabilidad de sus decisiones y acciones. Por eso es tan importante cómo nos vemos a nosotros mismos. Tú tienes el poder para superar tu circunstancia y dejar atrás lo que sea que te haya sucedido en el pasado. No te veas como víctima de nada ni nadie.

El joven se fue con el dinero que su padre le dio y lo malgastó todo. Vivió perdidamente, de forma egoísta, solo enfocado en sus gustos, y justo cuando ya no tenía nada, comenzó una época de hambruna en esa región. Tenía tanta hambre que terminó apacentando cerdos porque fue el único trabajo que encontró, y deseaba llenar su estómago con los desperdicios que comían los cerdos. Aquí está la clave que podemos aprender. En ese momento, ahí con los cerdos, muerto de hambre, inició su transformación. Lo mismo sucede en el matrimonio. Si no hay un evento así de tremendo que nos haga reflexionar, no hay esperanza para la pareja. Puede sonar duro, pero así es. Frente a su enorme necesidad, el joven reaccionó, se quitó el traje de víctima y se dio cuenta de que el equivocado no era su padre, sino él. Se dio cuenta de que su papá era la respuesta, no el problema, y decidió regresar a pedirle perdón para que lo recibiera como a uno de sus empleados. ¿Cómo aplicamos esta historia al matrimonio? Aprendamos a descubrir el papel que cada uno asume en el momento que genera conflicto. No digo que en toda situación los hombres son el problema. De hecho, hay mujeres que, como diría mi madre, son "muy carambas", es decir, que son terribles. Hay esposas manipuladoras que buscan tomar ventaja y terminan tratando a su esposo como si

---

[8] Lucas 15:11-32

fuera su hijo o alguien que debe someterse a lo que ellas quieran. Obviamente, también hay hombres muy agresivos y controladores en su hogar.

HASTA QUE NO SE LES PRENDA EL FOCO UN DÍA Y DECIDAN HACER ALGO PARA CAMBIAR SU SITUACIÓN, NO HABRÁ REMEDIO

El problema no se solucionará hasta que no identifiquen quién es la víctima y quién es el victimario. No se trata de culpar sino de tener claro el panorama para reconocer el error, perdonar y sanar. Hasta que no se les prenda el foco un día y decidan hacer algo para cambiar su situación, no habrá remedio. Si al hijo pródigo no se le prende el foco y dice: "En la casa de mi padre hasta los jornaleros viven mejor que yo; mi papá no me ha hecho un mal, yo le hice un mal a él", no hubiera regresado a pedir perdón y enmendar su error. Quizá hasta hubiera muerto de hambre. Por lo tanto, en las relaciones es importante abrir los ojos, analizar y tomar acción con humildad.

¿Sabes? Por la mañana, me encanta tomar un café con crema, sin azúcar, pero cuando estoy enfermo y me duele la garganta, ni el café me sabe bien. ¿Es culpa del café? ¡No! El café sigue siendo el mismo, con su delicioso aroma y sabor, ¡soy yo quien ya no le siento el gusto porque estoy enfermo! Así nos sucede en el matrimonio. Muchas veces, estamos tan dolidos que interpretamos mal cualquier acción, y con esa intolerancia todo se ve mal, todo cae mal. Con esa actitud, nadie gana. No te aferres a tu orgullo que provoca tanto daño. ¡Cuidado! Cuestiones espirituales no se arreglan con herramientas humanas, y el matrimonio es una unión espiritual creada por Dios. El matrimonio no es una simple unión carnal en la cama o un acuerdo trivial como el mundo lo pinta, el matrimonio es espiritual y trascendental. Mientras más nos alejamos de los planes y las herramientas de Dios, más usamos las herramientas humanas de culpar al otro, así como lo hicieron Adán y Eva. Entonces, no sanaremos nuestra relación hasta que no abramos los ojos como el hijo pródigo al decir: "Yo he hecho mal, necesito admitir mi error, he buscado manipular y debo pedir perdón".

¿Es posible sanar un corazón roto?

Sí es posible sanar un corazón roto. La primera forma es no herirlo, obviamente, aunque es difícil, porque muchas veces, lastimamos incluso sin darnos cuenta. Lo peor es que nos enfocamos en los síntomas del corazón roto en vez de atacar el problema, y de esa forma no es posible sanar. Solo vemos que hay incomodidad y no buscamos la raíz de esa situación, por lo que vamos acumulando resentimiento. Cuando peleamos la batalla equivocada, no logramos nada. Lo que urge es pelear la batalla correcta para recuperar a nuestra pareja. Lo primero que debemos recordar es que nadie se casó para ser desdichado o sentirse perdedor. El tiempo de los matrimonios arreglados ya pasó y ahora nos casamos por voluntad propia, aunque sin mucho conocimiento de lo que enfrentaremos.

El mismo rey Salomón, del que hablamos en el primer capítulo, era un hombre muy sabio porque le pidió a Dios sabiduría para gobernar. El corazón de Salomón empezó muy bien, pero terminó muy mal porque se desvió de la obediencia. Al inicio, le pidió a Dios que trabajara en su corazón, le dijo que necesitaba sabiduría para reinar. Imagina que todos somos Salomón, que la relación conyugal es nuestro reino, y que pedimos a Dios sabiduría para gobernar en nuestro hogar. Así debería ser. ¿Cuándo fue la última vez que, durante la mañana, tomaste tiempo para orar? Marido y mujer debemos reconocer que solos es imposible asumir el reto del matrimonio. Acerquémonos a Dios para decirle: "Yo no puedo guiar el hogar que me has dado, no tengo la sabiduría, la comprensión para entender a mi pareja, a mis hijos, ayúdame". Es tiempo perdido el que pasamos peleando una batalla en contra de la otra persona, porque la batalla real es contra nuestra necedad al no entregar nuestro corazón a Dios y reconocer que necesitamos ayuda. Desperdiciamos tiempo y esfuerzo al enojarnos y hacer berrinche durante semanas.

Por favor, es mejor bajar las armas, salir de nuestra trinchera y pedir tregua. Siempre nos quejamos de la violencia en la sociedad, de las guerras mundiales, y no somos capaces de hacer la paz en nuestro hogar. No vale la pena pelear. ¿Qué ganamos viviendo como perros y gatos? Lo mejor sería pedir a Dios la sabiduría que necesitamos para vivir unidos, sin contienda, quieta y reposadamente. Yo no puedo guiar a Ellie y amarla como se merece si Dios no me da las herramientas para hacerlo. Visto desde esa perspectiva, el matrimonio es reflejo de la relación de Dios con el esposo y la esposa.

En el próximo capítulo profundizaremos sobre lo determinante que es nuestra relación con Dios para el éxito del matrimonio. Mientras tanto, ¿qué tal si le pedimos a Dios el discernimiento, la sabiduría y el corazón para amar a nuestro cónyuge? Dios le dijo a Salomón que le daría mucho más porque no había pedido nada para sí mismo, sino que pidió para dar. Nosotros oramos: "Cámbialo, cámbiala, repréndelo, repréndela", cuando deberíamos pedir "cámbiame a mí, dame sabiduría a mí". El matrimonio funciona cuando ponemos atención a lo que hacemos nosotros, sin culpar al otro. ¡¿Quién soy yo para pedir al Señor que transforme el corazón de mi cónyuge si yo no tengo la humildad para transformar el mío?!

¿Conoces la historia de David y Goliat? Cuando David llegó al campo de batalla donde venció al gigante Goliat, su hermano Eliab buscó pleito con él, pero si David se hubiera enganchado con ese enojo, seguro que se habría ido molesto y no se hubiese ofrecido a vencer a Goliat. Entonces su destino no se habría cumplido. ¿Qué tal si eso es lo que sucede en nuestro matrimonio?

Nos enfrentamos entre cónyuges y no nos enfocamos en vencer al gigante en nuestro corazón. Toma la decisión de reconocer que debes humillarte para resolver los conflictos en tu matrimonio y que cumpla su destino de bien.

Ahora prepárate para descubrir esa relación que sin duda cambiará el rumbo de tu vida y el de tu matrimonio. Sobre ello hablaremos a continuación.

Tarea

1. Una de las preguntas que me hago cuando tengo conflictos en mi matrimonio es: "¿Mi cónyuge me está tratando de herir, sí o no?"

La verdad es que nunca he sentido que mi esposa se levante una mañana con malicia en su corazón dispuesta a herirme. Entonces, me hago las siguientes preguntas: "¿Estoy viendo la perspectiva de la otra persona? ¿Tal vez el problema no es la otra persona sino algo que ve diferente y que yo no he visto?".

Pídele a Dios empatía para comprender el punto de vista que no has considerado. Enfócate en pedirle a Dios que te dé amor en vez de pelearte con la otra persona.

2. Solo porque has estado haciendo algo por años no significa que sea correcto.

Nos acostumbramos a actuar de cierta forma y no vemos el error que estamos cometiendo. Analizar y trabajar en tu comportamiento te ayudará a crear un terreno fértil para solucionar conflictos de una manera saludable.

Esta semana, tómate el tiempo para escuchar cómo hablas y tomar conciencia de tu forma de expresarte.

	¿Qué podría estar destruyendo mi relación?	¿Qué podría estar edificando mi relación?
Mis palabras		
Mi tono de mi voz		
Mi lenguaje corporal		
Mis acciones		

Este análisis podría ayudarte a descubrir actitudes y expresiones que ponen en riesgo tu relación. ¿Puedes ver áreas en las que deberías pedir perdón? Revisa de nuevo tus respuestas y toma las acciones necesarias.

Capítulo 7

RELACIÓN CON DIOS

—Ellie, ¡no puede ser que otra vez hayas gastado más de lo que teníamos presupuestado para el supermercado!

—Lo sé, lo siento, Freddy. Es solo que las señoras del ministerio necesitaban algunas cosas y quise aprovechar que iba a comprar para la casa.

—Por favor, no vuelvas a gastar dinero sin consultármelo.

—Sí, solo era para ayudar a las señoras de la iglesia.

—No podemos hacer eso, Ellie... queremos ayudar a todos, pero no podemos...ayúdame primero a mí que veo cómo ajustar nuestro presupuesto.

Como otras veces, me alejé. También, como otras veces, al poco tiempo me arrepentí de mi arrebato y regresé a la habitación, pero ella ya no estaba. Sobre la cama había dejado su Biblia y el cuaderno donde yo sabía que anotaba sus oraciones. Los tomé para ponerlos sobre la mesita de noche y el cuaderno resbaló de mis manos. Cayó al suelo, y al recogerlo para devolverlo al lugar donde Ellie siempre lo ponía, junto a su Biblia, el cuaderno quedó abierto frente a mí.

Curiosamente, en la página vi escrito mi nombre con la hermosa letra de mi esposa. Sonreí conmovido y con algo de curiosidad. La oración que Ellie había escrito en la primera página de su cuaderno específicamente era para entregarle a Dios mi corazón "inquieto y voluntarioso". Cuando di vuelta a la página, me sorprendí al ver que en la siguiente oración también intercedía por mí, para que Dios me cuidara y me guiara en las decisiones que debía tomar. La tercera página también hablaba sobre mí y su anhelo de que yo dedicara tiempo a nuestros hijos como el excelente padre que era. La cuarta página también se refería a mí, a mi temperamento, porque le daba miedo y le preocupaba que me metiera en problemas. La quinta, la sexta, la séptima página estaban llenas con oraciones por mí… ¡Prácticamente todo el cuaderno de oración de Ellie estaba dedicado a mí!

Fue demasiado intenso verme a través de los ojos de mi amada esposa. Pude revivir todas esas situaciones de las que escribía; muchas eran dolorosas para ella, provocadas por mí. En ese momento fui yo quien lloré como un niño. Lloré de agradecimiento, de admiración y de vergüenza. No me sentía merecedor de una mujer tan virtuosa que me amaba de tal forma. ¡Ella había enfrentado muchos de mis arrebatos egoístas sin reproches ni malos gestos! Me había demostrado el respeto y la honra que sabía que yo necesitaba, a pesar de que no la merecía. Esa mujer literalmente me había levantado con su oración y me había enamorado con su conducta. Estoy convencido de que fue Dios quien puso frente a mí el cuaderno de oración de Ellie.

Sé que lo hizo para honrar a mi esposa y confrontarme con la realidad que nadie más me hubiera hecho ver. Esa tarde fue un punto de quiebre para mí y para mi matrimonio. Fue como abrir los ojos y el corazón a mi conducta errática sin sentido. No solo amé y admiré mucho más a mi Ellie, sino que me sentí el hombre más bendecido sobre la tierra porque mi esposa me dio la lección de amor más valiosa que he recibido. Ella realmente ha buscado mi felicidad y la pone en manos del único que puede brindármela al cambiar mi corazón: nuestro Dios.

Yo también he sido una persona de oración, pero realmente Ellie me lleva una enorme ventaja. A partir de ese momento frente a su cuaderno, le pedí perdón a Dios porque mi relación con Él podía —y debía— ser más intensa; de haberlo sido, yo no me hubiera comportado como lo hice hasta ese instante. Sin embargo, Dios nunca se rindió conmigo porque me ama y porque habría de cumplir las promesas de renovar mi corazón hechas a mi esposa. Por eso, una de mis recomendaciones para ti es que fortalezcas tu relación íntima con Dios para recibir ese respaldo que solamente Él puede darte. En todo momento, antes de cualquier decisión, ve delante de tu Señor, hazlo parte de cada área de tu vida y te garantizo que no te arrepentirás.

Mi esposa puede dar testimonio de ese respaldo, porque ella ha confiado y ha actuado disciplinadamente como una mujer obediente al diseño de Dios para ella. Ellie ha rendido sus tristezas, enojos, ansiedades, frustraciones y anhelos a Dios, quien ha hecho su obra en mí. Si algo he logrado, ha sido por mi Ellie. La fortaleza y grandeza de mi matrimonio se la debo a ella. Yo no sería Freddy sin Ellie. Se requiere una valiente mujer de Dios que dé un paso adelante, tome esas faltas del marido imperfecto y las ponga delante del Señor para lograr un matrimonio a prueba de todo. Esa relación íntima de una esposa con Dios logrará que el esposo deje de evadir su responsabilidad. Es Dios quien nos brinda las herramientas para actuar sabiamente en nuestra relación.

> **SE REQUIERE UNA VALIENTE MUJER DE DIOS QUE DÉ UN PASO ADELANTE, TOME ESAS FALTAS DEL MARIDO IMPERFECTO Y LAS PONGA DELANTE DEL SEÑOR PARA LOGRAR UN MATRIMONIO A PRUEBA DE TODO**

El único que puede cambiar el corazón

Dios formó al hombre del polvo[1], así que nada de creernos demasiado. Yo me casé con una idea equivocada del matrimonio porque no tuve ejemplo de padre ni de esposo, pero mi mejor mentor ha sido el Espíritu de Dios. Él me enseñó que propendemos a atacarnos en lugar de unirnos para fortalecernos. ¿Cómo logramos esta unión? Aprendiendo a controlar nuestro temperamento. Debemos ser como ese restaurante de comida rápida que se vio obligado a controlar la temperatura del café porque un cliente se quemó y los demandó por millones de dólares. ¡Controla tu temperatura antes de que quemes a tu cónyuge! Y, de paso, te demande.

Ellie y yo nos peleamos un día por una tontería que me molestó, y yo me alejé porque los hombres somos así, nos alejamos. Entonces, el Señor me preguntó: "¿Ellie te ama?". Y yo le respondí: "Sí, me ama, estoy seguro". Y el Señor continuó: "¿Ella se levantó hoy con el deseo y la intención de hacerte la vida miserable?". A lo que respondí: "No, mi Ellie no es así". Así que recibí este bombazo de Dios: "¿Entonces por qué actúas como si ella fuera tu enemiga? Ella solo quería hacer un bien en tu vida". ¡Wow! Así es, Ellie solo quiere ayudarme. Eso cambió mi perspectiva de la situación y pude volver donde ella estaba para dialogar con una actitud renovada que buscaba la reconciliación. Solo Dios pudo confrontarme así, porque si ella lo hubiera hecho, en mi orgullo yo no lo hubiera reconocido. Pero solo con un corazón dispuesto a escuchar a Dios puedes recibir esas revelaciones tan valiosas.

Ahora, cuando tenemos alguna diferencia, mis primeros pensamientos son: "Ellie me ama, ella no me quiere herir, quiere lo

---

[1] Génesis 2:7

mejor para mí". Pero yo peleaba con ella porque tengo enojo en mi corazón, porque soy impaciente y áspero, y mi actitud era: "No te metas en mi camino porque si me topas yo te atropello". Por eso, insisto en que de la abundancia del corazón habla la boca, no de la abundancia de cómo nos tratan, sino de lo que tenemos dentro. Eso es lo que manifestamos, lo que decidimos guardar en nuestro corazón. ¿Quién tiene la solución? Pues los únicos que pueden sacar ese veneno que daña el matrimonio somos nosotros, y lo hacemos cuando entregamos humildemente nuestro corazón a Dios.

PUES LOS ÚNICOS QUE PUEDEN SACAR ESE VENENO QUE DAÑA EL MATRIMONIO SOMOS NOSOTROS, Y LO HACEMOS CUANDO ENTREGAMOS HUMILDEMENTE NUESTRO CORAZÓN A DIOS

¿Qué pasa cuando Ellie tiene un mal día y se comporta diferente a como acostumbra? De alguna forma me siento lastimado, pero el problema no es ella, sino yo, porque hay algo en mi corazón que yo no he arreglado con Dios y provoca que yo reaccione mal ante cualquier cosa. Esa situación de tensión es una oportunidad para que yo regrese con Dios y arregle lo que tengo pendiente de sanar en mi interior. Así que Ellie me ayudó a ser mejor persona, me dio la oportunidad para evaluar mis actitudes y corregir lo que necesito mejorar.

Los hombres nos sentimos frustrados cuando la mujer llega a pedirnos algo que no tenemos. Hay cosas como la visión, la previsión, la fortaleza y la sabiduría que solo podemos obtener si nos acercamos a Dios. Un hombre aporta la visión. Una mujer sigue a un hombre de visión. ¿Cuál es la visión espiritual de tu familia? Tal vez no siempre que buscamos intimidad sexual la obtenemos, pero una mujer nunca rechaza la propuesta de su esposo de buscar dirección para la familia. Ellie nunca me ha rechazado cuando le digo que oremos juntos por nuestro matrimonio y por nuestros hijos. Ella me dice: "Me gusta escucharte hablar con Dios sobre nuestra familia".

Los esposos debemos ser sabios para ganarnos la admiración y el respeto de nuestras esposas. Claro que las esposas también debe pedir sabiduría a Dios. Yo siempre les recomiendo que pidan al Padre ser sabias como Abigail, la esposa de un hombre que se llamaba Nabal. Lo que pasó con ella es que evitó una catástrofe. La Biblia narra que fue donde estaba David, antes de ser rey, a pedirle que no tomara en cuenta la afrenta de su esposo que se había negado a darle alimento. Ella, muy juiciosa, tomó comida y la llevó como ofrenda de paz. A veces los esposos solo queremos llegar a la casa y ¡no hablamos porque tenemos hambre! David estaba molesto porque Nabal se negó a ayudarlo. Cuando Abigail llegó con humildad, David le dijo: "Bendita eres porque me ayudaste, fuiste instrumento de Dios".

Sería lo mejor que la esposa procurara ser como Abigail. Si ve entrar de malas a su esposo, no es el tiempo de hablar sino de darle de comer. A veces la frustración es física. Abigail se humilló y Dios obró en el corazón de David. Eso es lo que sucederá si la esposa pide sabiduría a Dios para tratar con honra y respeto a su esposo, aunque no lo merezca. Necesitamos cónyuges espirituales que peleen la batalla correcta, que se vean como aliados, como parte del mismo equipo, como mejores amigos y confidentes, no como enemigos. Todos somos humanos y cometemos errores, pero alguien tiene que humillarse para encontrar soluciones. El divorcio no es el problema, los pleitos no son el problema; el problema es el corazón orgulloso y el único que puede transformar el corazón es Dios. Necesitamos hombres y mujeres que entreguen su vida y voluntad al Señor.

Cómo salvar y reedificar tu matrimonio

No olvidemos que Dios es nuestro creador, por lo que sabe cómo funcionamos. Si algo nos falla, Él es quien puede ayudarnos porque somos su creación. Es como esa anécdota que cuentan sobre Henry Ford, quien se encontró en la carretera a un jovencito que tenía problemas con su auto, una camioneta Ford. Al verlo afanado intentando arreglarla, Henry, ya mayor, se bajó de su auto y le ofreció ayuda, pero el joven despectivamente lo rechazó asumiendo que ese viejito no podría hacer nada por él. ¡Gran error porque rechazó la ayuda del fabricante de la camioneta que tanto deseaba arreglar!

Creo que así nos pasa muchas veces cuando intentamos sacar a Dios de la ecuación de nuestra vida. En el matrimonio, el hogar, con los hijos y con todo, realmente es tu creador quien más puede ayudarte. Sin embargo, como pensamos que tenemos toda la fuerza, la habilidad y la inteligencia, y como hemos logrado algo de nuestra vida, cuando Dios nos pregunta: "¿Te puedo ayudar, hijo?", le respondemos con desprecio: "No, ¿qué puedes ayudarme si eres anticuado? ¿Qué me vas a enseñar tú a mí?". Necesitamos discernimiento para aprender a escuchar a Dios.

Cuando pienso en eso del discernimiento, recuerdo los días de mi niñez cuando iba a la casa de mi tía y nos ponían a limpiar un costal de frijol para darle de comer a toda la familia. No sé si conoces esa costumbre, pero yo me divertía haciéndolo. Tenía que "discernir", escoger y encontrar las piedritas entre los frijoles. Muchas veces sucede igual en la vida: entran las piedras, entra la basura de las circunstancias y solo Dios te puede dar ese discernimiento para distinguir y decidir lo correcto. Cristo dijo: "Mi paz os dejo" porque hay dos tipos de paz: la del mundo y la de Dios, que sobrepasa todo entendimiento. Tú, yo y nuestra familia necesitamos la paz de Dios, no la del mundo que es temporal, y para obtenerla debemos seguir sus instrucciones.

Pues nuestro manual del fabricante, la Biblia, dice sobre el matrimonio: "Por tanto dejará el hombre a su padre y a su madre y se unirá a su mujer y serán una sola carne"[2]. Muchas veces ponemos mucho énfasis en decir: "Mira, ahí dice que la suegra no se debe meter en el matrimonio", pero va más allá. Básicamente nos está diciendo que el matrimonio es la ausencia del egoísmo, porque el egoísmo se traga al amor. La Biblia está diciendo que dos personas mueren para formar una sola carne. Así que, cuando me preguntan cuál es el problema más grande que veo en el matrimonio de ahora, mi respuesta es que dos personas intentan vivir su vida individualmente, en lugar de ser dos personas dispuestas a morir para ser una sola carne. Me encantan las palabras de Jesús cuando asegura: "De cierto os digo que si el grano de trigo no cae en la tierra y muere, queda solo"[3]. Esta frase tiene aplicación para todo en la vida. Jesús hablaba de él, ya que vino a morir para darnos vida a nosotros, pero también hablaba de lo valioso de hacer a un lado nuestro egoísmo.

El mundo funciona de una forma y el reino de Dios funciona de otra forma. Tú y yo somos peregrinos en este mundo. Este no es nuestro hogar. Nuestro Padre está en los cielos y un día estaremos con Él. Para interpretar estas palabras de Jesús, recordemos que está hablando con gente campesina, por eso les habla en un lenguaje que ellos entendían usando ejemplos sobre siembra y cosecha. Esta imagen del grano de trigo ilustra la importancia de la muerte del ego y del individualismo, porque dice que quien no muere a sí mismo, queda solo. Hay hogares donde hay dos personas solas, porque el egoísmo está en medio. Dicen que la distancia más larga entre dos personas es el egoísmo, porque podemos estar en la misma casa, pero no compartir amor. Allí hay dos personas

---

[2] Génesis 2, 24
[3] Juan 12:24

diciendo: "Eso es lo que yo quiero, estos son mis deseos, esto lo que me da placer, yo voy a ganar a como dé lugar".

Eso no es morir, eso es luchar para que el egoísmo prevalezca. Pero si el grano de trigo muere, si nosotros morimos a nuestro ego, la Biblia dice que daremos mucho fruto y el fruto es alimento para más personas. A todos nos gustan los frutos. Todos queremos que nuestro matrimonio dé abundante y buen fruto de paz, amor, entendimiento y respeto. ¿Qué necesitamos para eso? Morir a nosotros mismos para que nazca ese amor generoso donde no cabe el egoísmo. Necesitamos ser una pareja convencida de que ambos debemos morir para que la relación dé fruto.

Estamos tratando de vivir, pero Cristo dijo que hay que morir, y cuando mueres, llevas mucho fruto. De hecho, en la Biblia también leemos que quien ama su vida, la pierde, y el que aborrece su vida en este mundo, para vida eterna la guardará[4]. Entonces, debemos darle importancia a lo que realmente lo tiene, porque empecinarnos en conservar nuestro egoísmo solo nos lleva a perder lo que realmente es valioso. Todo lo que tenemos es un regalo de Dios, pero podemos perderlo si nos enfocamos solo en nosotros mismos.

El mejor consejero

En la Biblia vemos la historia de muchos matrimonios, pero hay uno en particular que me parece extraordinario por el ejemplo de escucha y obediencia a las instrucciones de Dios. Es el caso de los padres de Jesús. María estaba desposada con José, es decir que estaban comprometidos, pero antes de casarse y consumar el

---

[4] Juan 12:25

matrimonio, ella concibió del Espíritu Santo[5]. Ella recibió palabra de un ángel que le dijo: "María, el Espíritu Santo ha concebido el hijo de Dios en ti". Pero el ángel no había hablado con José, y en esos días tenían un contrato de matrimonio. Aunque no habían consumado físicamente la unión, la mujer ya era del novio, quien debía preparar todo para recibirla en un lugar solo para ellos. En esa situación, José escuchó que su prometida le dijo: "¡Estoy embarazada!". Ponte en el lugar de José. Bien bonita la historia bíblica, pero imagina que tu prometida llega con esa historia: "Estoy embarazada de Dios". Claro que José se desilusionó, pero quería evitar que apedrearan a María.

A José se le presentó un enorme problema en su relación. Sabemos que el éxito de una relación no es la ausencia de problemas, sino tener discernimiento, apartar los frijoles de las piedras, hacer a un lado la basura de la vida para descubrir qué es lo que Dios quiere. José estaba a punto de tomar una decisión. Él era un hombre justo, haciendo lo mejor que un hombre puede hacer. Todos enfrentamos pleitos y cosas en la vida, pero de nosotros depende cómo los manejamos.

A veces el problema no es la situación en sí misma, sino cómo la manejamos. Dios nos envía respuestas si nos tomamos tiempo para pedírselas. Efectivamente, le mandó un ángel a José, quien se le apareció en sueños y le dijo: "José, hijo de David, no temas recibir a María, tu mujer, porque lo que en ella es engendrado, es de Dios"[6]. José iba a tomar una decisión con información limitada, pero el ángel le ofreció datos y consejo. ¿Sabes cuál es nuestro problema muchas veces? Que solo nos enfocamos en lo que el hombre puede mirar y no hemos ido a Dios para recibir discernimiento que nos ayude a tomar decisiones. Muchas veces, no lo queremos

---

[5] Mateo 1:18-19

[6] Mateo 1:20

admitir, pero estamos perdidos porque no tomamos el tiempo para que Dios hable con nosotros. ¡Claro que, si bajara un ángel y me hablara, yo también obedecería!

Ahora, te pregunto, si tuvieses la oportunidad de hablar con Dios o con un ángel, ¿con quién hablarías? Yo escogería a Dios; pues te cuento que nosotros podemos hablar con Dios. La historia de José sucedió antes de la promesa que Jesucristo nos dio acerca del Espíritu Santo, quien ahora es nuestro consejero, intercesor y consolador. ¡Vaya si necesitamos consuelo! Y nuestro Padre nos lo brinda a través de su Espíritu Santo. Tenemos opciones de ayuda, pero no queremos tomar el tiempo para apartar los frijoles de las piedras, no queremos sacar la basura de nuestra vida, no queremos morir al yo para que el Espíritu de Dios nos pueda llenar porque está con nosotros siempre, ¡no estamos huérfanos![7]

Cierta vez que yo estaba en Mexicali, un amigo me invitó a comer unos tacos. Allí estábamos cuando entró una niña que vendía calcomanías. Eso es común. Si les dan permiso los dueños, las personas entran a ofrecer sus sencillos productos: calcomanías, dulces, etc. Y ese era el caso, la señora de la taquería permitía que los niños huérfanos se acercaran a vender. La necesidad de la niña la llevó al restaurante y salió de allí con un billete de cien dólares porque yo no tenía cambio. Por algo que valía centavos, ella recibió mucho más. Así es Dios con nosotros, nos da mucho más de lo que imaginamos porque no somos huérfanos, tenemos un Padre que nos ama y a su Santo Espíritu con nosotros.

Yo conocí a mi papá cuando ya era un adolescente, y tengo una hermosa relación con él; de verdad nos llevamos muy bien, nos buscamos, y no lo culpo de nada porque es muy difícil culpar a una persona que no tuvo a Dios en su vida. Recuerdo un día que

[7] Juan 14:16-18

mi papá estaba borracho. Creo que yo tenía unos catorce o quince años, y trabajaba con él.

—Alfredo, perdón, Alfredo, yo no quería dejar a tu mamá, pero ella y yo teníamos problemas, no todo era mi culpa—me dijo llorando.

—Pa' yo no lo culpo a usted, de verdad. Pa' yo estoy bien, no hay nada en mi corazón en contra de usted—, le aseguré con toda sinceridad.

Mi niñez fue difícil, pero Dios siempre estuvo conmigo. Parte de mi vida la pasé con mi mamá soltera, en Estados Unidos y México. Otra parte de mi vida la pasé con mi hermana y mi cuñado; tiempo después, viví con mi otro hermano y mi cuñada guatemalteca; también vivimos solos con un primo en un apartamento que mi mamá alquilaba. Así que fui algo así como un niño errante. Cambié de escuela cada año. Tuve la bendición de ir a la escuela. De hecho, asistí a doce escuelas diferentes y me esforcé por terminar mis estudios. En medio de todo eso, mi mejor maestro en matrimonio, en vida y en todo, ha sido y es el Espíritu Santo de Dios. Por eso tengo gran convicción acerca del Espíritu Santo para los matrimonios, porque viniendo de donde yo vengo, si soy algo, si he logrado algo, es simplemente porque Dios, en su gracia, me ha dado al Espíritu Santo. Él me ha dado ayuda, no me ha dejado huérfano. ¿Cómo podría guardarme para mí semejante regalo? ¡Debo compartir contigo esa clave de éxito porque, sin importar tu circunstancia, Él está ahí para ti también!

La estrategia de la mansedumbre

Yo he leído muchísimos libros sobre matrimonios, he escuchado cursos que hablan de matrimonios, pido consejos para apoyar matrimonios, pero nadie, nadie me ha ayudado ni apoyado como el Espíritu Santo. Con seguridad puedo decirte que nadie te puede ayudar como el Espíritu Santo, porque Él vive contigo, te acompaña a todo lugar, te conoce, conoce tu historia, conoce a dónde vas, conoce todo sobre tu pareja y conoce todo acerca de tu ser. Solo Él puede ayudarnos para que nuestro carácter refleje la sabia mansedumbre que necesitamos. Realmente es una lástima que, teniéndolo con nosotros, no lo tomemos en cuenta y lo consultemos tan poco. Lo ignoramos de tal forma que nos perdemos de la ayuda más certera que alguien puede darnos. Él es el Consolador, el espíritu de verdad. ¿Qué esperamos para involucrarlo en el tema más importante de nuestra vida? No estoy exagerando cuando les digo que, usualmente, Dios me inspira oportunas soluciones y me da una respuesta específica cuando le pido ayuda. Entonces, puedo regresar con Ellie a decirle: "Mi amor, quiero pedirte una disculpa, no estaba listo para aceptar lo que tú me dijiste, pero Dios me hizo ver la situación de otra forma y comprendí".

¿Sabes lo que sucede muchas veces? Cuando me estoy disculpando con mi esposa, cuando me humillo, Dios también ha tratado con ella, la ha consolado y respaldado con amor, entonces, me dice: "No, la verdad, discúlpame tú a mí. No debí actuar así". Y yo le doy la razón. ¡No, no, no! Estoy bromeando, ambos nos disculpamos y vuelve la paz. Por tanto, es el Espíritu Santo quien nos ayuda a ser humildes para reconocer nuestros errores y lograr acuerdos, sin contienda, vanagloria ni egoísmo, sino ambos buscando el bien del otro[8]. Así que, de nuevo, vemos cómo solo da mucho fruto la semilla que muere. Al morir a nuestro egoísmo y arrogancia, damos abundante fruto de gozo, amor, paz, paciencia, bondad y mansedumbre en nuestro matrimonio.

---

[8] Filipenses 2:1-4

Dar mucho fruto

Respecto a ese proceso de fructificar, recuerdo que yo luché con Dios durante varios meses porque tuve que escoger entre lo bueno, lo mejor. Ahora te cuento por qué.

Conocí a Dios siendo muy pequeño, pero mi corazón estaba muy herido por lo que veía como abandono de parte de mis padres. Luego, durante mi adolescencia, sentí un llamado del Señor para lo que estoy haciendo: predicar su Palabra. El llamado era muy específico: a predicar la Palabra a los latinos. Ese es mi propósito y pasión, mi oxígeno y razón de vivir, lo que hago ahora y haré siempre.

La situación fue que, a esa misma edad, catorce años, comencé a comunicarme con mi papá porque él llegó a casa de mi tía Ángela y dejó su número de teléfono. En ese tiempo, yo estudiaba en una escuela pública de un barrio peligroso, y quería cambiarme a una escuela privada. Como mi mamá no podía pagarla, llamé a mi papá. Cuando le pedí ayuda, su respuesta fue sí, pero que, a cambio, yo debía ir a trabajar con él durante las vacaciones de verano. ¡Fue genial! Estaba construyendo una relación con mi papá, además de que comenzaba a ver un futuro. Así pasaron dos años y cuando cumplí dieciséis, mi papá me propuso ir a vivir y trabajar definitivamente con él.

Fue una batalla decidir entre el llamado de mi Padre celestial, y el ofrecimiento del cielo y las estrellas de mi padre terrenal, con quien recién empezaba la relación que tanto anhelé durante mi niñez. No voy a mentirte, mi primera elección fue trabajar con mi jefe (los mexicanos le decimos así a nuestro papá). Era un buen futuro pensar que cuando me graduara, ya tendría trabajo seguro; ganaría plata para tener un buen carro —sí, esa camioneta tejana enorme que todos envidiarían—; tendría dinero para andar bien macho con mi cinturón de piel de cocodrilo ceñido con una hebilla que dijera "DeAnda de Jalisco, donde los hombres no se rajan".

Estaba decidido. Le dije a mi papá que me iba con él, le hablé a mi mamá y su respuesta fue: "*M'ijo*, usted ya está grande, si se quiere ir a vivir con su papa, váyase". Pero Dios no me dejaba en paz, así que, luego de mucho pensarlo y orarlo, le dije: "Muero a mis deseos, muero, muero y doy vida a mi llamado". Creo que ha sido una de las decisiones más difíciles de mi vida —morir a lo que había sido mi sueño durante años—, pero no me arrepiento porque esa decisión cambió todo el rumbo de mi vida y Dios ha sido fiel conmigo. Imagina, si me voy con mi papá, no hubiera conocido a Ellie ni sería el Freddy que ahora te escribe. Seguir mi llamado me ha brindado la satisfacción de ser obediente a Dios y dedicarme a lo que me apasiona.

¿Sabes cuál es el problema en tu matrimonio? Quieres vivir, pero debes morir. Sé que leer eso no es agradable, pero te garantizo que redescubrirás el gozo de tu relación si decides morir a tu ego. Tengo infinidad de casos de matrimonios de nuestra congregación, cada uno tiene una historia única y valiosa de la que he aprendido muchísimo sobre el amor y las dificultades que se enfrentan en pareja. Luis, por ejemplo, es un joven que llegó a la congregación por invitación de su primo. Su transformación fue progresiva, pero ahora ves a ese muchacho y no lo reconoces. ¡Está lleno del amor de Dios! Se casó con Claudia, y ahora, los padres de ella han comenzado a ir a la iglesia motivados por lo que ven en su hija y en la familia que está formando con Luis. ¡Tantas vidas impactadas por la decisión de Luis de morir a su vida pasada y entregarse a Dios! El problema es que deseamos vivir de acuerdo con lo que este mundo dice que es vida: ir de parranda, hacer lo que se les da la gana, pero la verdad es que hay más fruto y más vida cuando decidimos morir a nosotros mismos.

Otra historia que me conmueve mucho es la de Mike. Él es filipino americano y no habla español, pero se casó con una mexicana. Un día, Mike vino a mi oficina llorando, ya que descubrieron que su esposa era estéril, además de tener otros problemas de salud. Mike y su esposa buscaron opciones para concebir, pero no lo lograron. Entonces Mike me pidió que nos reuniéramos y llorando me dijo: "Ya probamos con dos tratamientos, pastor, y fue imposible. Quiero trabajar a tiempo completo con usted en la iglesia". Así se integró a nuestro equipo. Cuatro meses después, adoptaron a una niña de tres días de nacida. Mike murió a sí mismo y Dios le dio fruto.

TODO EL MUNDO QUIERE VER UNA RESURRECCIÓN, PERO NADIE QUIERE MORIR

Todo el mundo quiere ver una resurrección, pero nadie quiere morir. La Palabra de Dios nos dice que el mismo poder que resucitó a Jesús habita en nosotros[9]. Ese poder de la resurrección, el poder del Espíritu Santo está a nuestra disposición para obrar en cada área si se lo pedimos y se lo permitimos. Dios es la respuesta para tu matrimonio, pero tienes que morir a ti mismo para que el espíritu de Dios tome control de tu vida.

La Palabra del Señor dice que Cristo se despojó a sí mismo[10]. Siendo Rey de reyes y Señor de señores, hizo a un lado su naturaleza divina y tomó forma de siervo, como nosotros. Se humilló y fue obediente hasta la muerte. Ese es el ejemplo que debemos seguir. Debemos morir si queremos vida, si queremos una resurrección. Jesús fue obediente y el resultado fue ser exaltado como nadie más lo ha sido[11]. Todo sacrificio tiene recompensa.

Una joven entró a la iglesia y me dijo: "Freddy, vine porque escucho tus mensajes, vivo aquí cerca, pero mi esposo no quiso venir, yo quiero que tú vayas a mi casa y le digas que venga porque ese mensaje que predicaste es para él". ¡Ese esposo jamás querrá poner

---

[9] Romanos 8
[10] Filipenses 2:7
[11] Filipenses 2: 8-9

un pic en la iglesia con la actitud de su esposa! Mi recomendación fue que orara, que muriera a ella misma para ver resurrección en su vida y en su matrimonio. Debemos aprender a entrar delante de la presencia de Dios. Eso es morir al "yo" y confiar en que Él obrará a su tiempo. Lo que nos corresponde mientras tanto es ejercitar nuestra mansedumbre, porque la base de todo buen hogar, de todo buen matrimonio, es la ausencia del egoísmo, es morir, porque la humildad es la virtud sobre la cual las otras virtudes son edificadas. Si no hay humildad, no puedo recibir ayuda, y si no estoy dispuesto a escuchar a Dios, ¿cómo voy a estar dispuesto a escuchar a mi pareja?

Debe haber discernimiento para escuchar y aceptar consejo que viene de Dios, porque Él es nuestro mejor maestro de vida. Es Dios quien transforma, quien cambia tu vida y te ayuda en todo. El matrimonio es amor, y el amor es ausencia de egoísmo, es despojarnos y morir para que Dios pueda darnos vida, y Él siempre la da en abundancia para que tu matrimonio alcance la plenitud que tanto anhelas. La Biblia nos habla de un cordón de tres dobleces que no se rompe[12] y para mí ese cordón es el que se forma cuando Dios, tu pareja y tú se unen en amor.

En este momento puedes pedirle al Señor que tome el control de tu vida, que sane tu corazón y te devuelva la esperanza para fortalecer la relación con tu pareja. Puedes orar para declararlo tu Salvador y guía. Te aseguro que es la mejor decisión que puedes tomar.

Por la gracia de Dios, en el nombre poderoso de Jesús y con el consejo del Espíritu Santo, mi esposa y yo declaramos vida sobre tu matrimonio.

---

[12] Eclesiastés 4:11-13: Y si alguno prevaleciere contra uno, dos le resistirán; y cordón de tres dobleces no se rompe pronto.

Tarea

La tarea para nuestro matrimonio es admitir que no lo sabemos todo. Dios dijo que Él nos guiaría a toda verdad (Juan 16:13) y que le pidamos confiadamente (Hebreos 4:16). Además, nos aseguró que nos daría sabiduría abundantemente y sin reproche (Santiago 1:5).

Con seguridad te digo que el Espíritu Santo de Dios ha sido mi maestro, quien me ha animado cuando he tenido desacuerdos en mi matrimonio. En mi tiempo de oración, cuando me aparto para dialogar con Él, hablarle y también escucharlo, Dios me va suavizando, quebrantando e instruyendo para amar a mi esposa como ella lo merece.

Podrías decirle: "Dios, no lo sé todo, enséñame". Entonces, recibirás su instrucción para acercarte a tu cónyuge con respuestas sobre los errores cometidos y los cambios que harás para que la relación entre ustedes sea cada vez más plena, conforme al plan de Dios.

Antes de despedirme permíteme bendecir tu vida.

No me cansaré de decirlo, nadie se une en matrimonio con la intención de amargarse, fracasar y divorciarse. Todos deseamos disfrutar de una relación en la que ambos nos comprendamos, apoyemos y expresemos nuestro amor incondicionalmente.

Mi anhelo es que leas este libro con tu pareja para que, juntos, analicen su situación y descubran que sí es posible lograr el matrimonio que siempre han deseado. Léanlo como la extensa y detallada carta de un amigo que los aprecia y les comparte sus conocimientos y experiencias con el deseo genuino de ayudarlos a fortalecer su matrimonio.

Cada una de las verdades que comparto aplican para tu vida, sin importar si aún estás soltero, si te encuentras en una relación de noviazgo, si estás comprometido o si ya estás casado. Permite siempre que Dios trabaje en tu corazón y te convierta en una influencia amorosa, positiva y de bendición para quienes te rodean; especialmente para tu cónyuge, a quien, de ahora en adelante, le obsequiarás palabras de aliento y acciones de bondad.

El nivel de plenitud conyugal que deseas tomará tiempo y esfuerzo, pero todo cambio inicia con el primer paso. Oro para que este libro sea una herramienta que te ayude a darlo. Si mis palabras y sugerencias resultan de bendición para ti, no dudes en compartir este libro con tus amigos y familiares, ya que seguramente ellos también desean disfrutar de una feliz relación conyugal.

Cuenta con mis oraciones por ti y por tu matrimonio.

Tu amigo y siervo,

FREDDY DEANDA

Agradecimientos

Jamás pensé escribir un libro.

Todo este viaje empezó una noche cuando Ellie y yo salíamos —en nuestra cita semanal— y le pedí que me permitiera hacer un video en vivo animando a las parejas a planificar tiempo especial juntos, incluso después de casados. Creo que cincuenta personas vieron nuestro primer video. Luego, una amiga nos dijo: "¡Gracias por ese video, mi esposo y yo nos animamos muchísimo. Por favor, ¡compartan más videos!"

Así fue que, cada martes durante un año, cuando salíamos en nuestra cita semanal, Ellie y yo hacíamos un video intentando animar y apoyar a los matrimonios. Dios permitió que uno de esos videos alcanzara un millón de vistas, luego cinco millones de vistas… diez millones de vistas… y bueno, solo por la gracia que Él nos ha otorgado, alrededor de veinte millones de personas nos siguen en las diferentes plataformas digitales.

Sinceramente nunca me he considerado un escritor. Estaba consciente de que escribir un libro no era una de mis habilidades, pero Dios me hizo saber con claridad que debía hacerlo porque comenzó a traer personas y abrir puertas para ello. A esas personas, van estos agradecimientos.

Gracias a mis padres, Miguel De Anda Placencia y María Isabel Ramos, por sus oraciones y sus constantes palabras de aliento para que este libro fuera una realidad. Gracias por darme permiso para compartir ciertas historias sensibles y hasta dolorosas con el anhelo de brindar esperanza y sanidad a los matrimonios.

Gracias a la gente de Casa de Gracia que me llama su Pastor. Les agradezco por ser mis motivadores y colaboradores, porque me apoyan en este llamado que Dios me ha dado.

A todos ustedes que me siguen a través de la redes sociales y han tomado tiempo para leer este libro, gracias; la verdad es que me conmueve y emociona cada vez que ustedes me dejan un comentario, comparten un video o me escriben. Les agradezco por compartir un poquito de su vida conmigo.

Gracias a toda la familia de Penguin Random House, especialmente a Larry, quien inició el contacto conmigo y fue de gran apoyo al tomarme de la mano para encaminarme a través de este proceso.

Gracias a Michelle Juárez, responsable de mantener todo este manuscrito en orden. Infinitas gracias por su paciencia.

Gracias a mi querido amigo, Jorge Bosio, que es como un hermano para mí y la persona que ha hecho los mayores esfuerzos en favor de este proyecto; se ha levantado temprano y acostado tarde durante meses para que el libro fuera una realidad. Gracias, Jorge, por tu apoyo; por poveer ideas y repasar el material, una y otra vez, a mi lado.